Community Learnin

Cymuned Ddysgu a

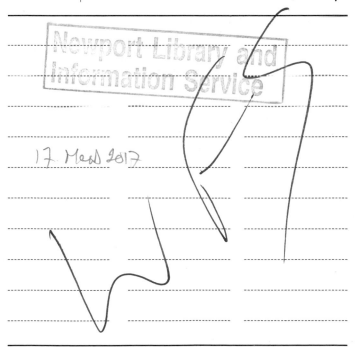

D1434256

This item should be returned
last date stamped below.

Casnewydd

Newport Library and
Information Service

17. Medi 2017

To renew visit:

www.newport.gov.uk/libraries

Cyflwynedig i
John Wyn Evans, esgob Dewi

Ar Drywydd Dewi Sant

GERALD MORGAN

Argraffiad cyntaf: 2016

Dymuna'r cyhoeddwyr gydnabod cymorth ariannol
Cyngor Llyfrau Cymru

Cynllun y clawr: Y Lolfa

Rhif Llyfr Rhyngwladol: 978 1 78461 255 9

Cyhoeddwyd, rhwymwyd ac argraffwyd yng Nghymru gan
Y Lolfa Cyf., Talybont, Ceredigion SY24 5HE
gwefan www.ylolfa.com
e-bost ylolfa@ylolfa.com
ffôn 01970 832 304
ffacs 832 782

Yma y traethir o ach Dewi, ac o dalm o'i fuchedd.

Hystoria o Fuchedd Dewi

Nid gwell sant, ffyniant ei ffawd,
No Dewi, iawn y dywawd.

Ieuan ap Rhydderch

Diolchiadau

L lyfr bychan yw hwn, ond mae dyledion a diolchiadau'r awdur i lawer o bobl yn niferus:

I staff Llyfrgell Genedlaethol Cymru a Llyfrgell Hugh Owen, Prifysgol Aberystwyth, ac i aelodau eraill o Adran Gwasanaethau Gwybodaeth Prifysgol Aberystwyth;

I gyrff a gweinyddwyr eglwysig: swyddfeydd esgobaethol Tyddewi, Henffordd, Caerwysg a Truro; y Tra Pharchedig Jonathan Lean (Deon Cadeirlan Tyddewi); Ruth Wilson, gweinyddwraig Eglwys Gadeiriol Dewi Sant, Hobart, Tasmania; Dr Raymond Refausse o'r Eglwys yn Iwerddon; Mr David Galloway o Eglwys Dewi Sant, Airmyn, Swydd Efrog; a Ms Andrea Patterson o Eglwys Dewi Sant, Kilsallaghan, Iwerddon;

I gyfeillion a chyd-weithredwyr academaidd yn, ac o gylch, Aberystwyth a Chaerfyrddin, gan gynnwys Dr Cathryn Charnell-White, Dr Mary-Ann Constantine, Dr Iestyn Daniel, Dr Heather James, Rhys Kaminski-Jones, Dr Ken Murphy, Morfydd Owen, Dr Ann Parry-Owen, Dr David Parsons a Dr Eryn Mant White. Hefyd rwy'n ddyledus i'r Athro Raymond Gillespie o Maynooth ac i'r Athro Jonathan Wooding o Brifysgol Sydney.

Fe wnaeth Chris ac Eleanor Davison f'ymweliad â Dirinon a Saint-Divy yn Llydaw yn bosibl, a chyfrannu lluniau i'r gyfrol. Diolch i'm cyfyrder Anthony Bentham am lun o gerflun John Petts yn Eglwys Gatholig Llansawel, Morgannwg, ac i'r eglwys am gael ei ddefnyddio. Diolch i fy nghymydog Alan Hale am lun o eglwys Llanbadarn Fawr.

Mae arnaf ddyled arbennig i'r Gwir Barchedig J. Wyn Evans, esgob Tyddewi, am ei gyfraniad aruthrol tuag at astudiaethau yn hanes Dewi Sant ac am ei garedigrwydd, ei frwdfrydedd a'i gefnogaeth.

I'm gwraig, y Parchedig Ganon Enid Morgan, mae arna i ddyled anfesuradwy am bob math o ysbrydoliaeth gyffredinol, awgrymiadau manwl a chywiriadau.

Diolch hefyd i Dr Karen Jankulak am i mi gael manteisio ar ei hysgolheictod, ei hamser a'i hewyllys da.

Rwyf yn ddiolchgar iawn i Meinir Wyn Edwards, Nia Peris a staff gwasg y Lolfa, Tal-y-bont, Ceredigion.

Gerald Morgan
Chwefror 2016

Cynnwys

Cerflun o Ddewi/Divy yn eglwys Dirinon.

Llun: Chris Davison

Rhagymadrodd

Wrth i Ddydd Gŵyl Dewi Sant nesáu bob blwyddyn, mae'r un gri yn codi gan nifer o wŷr a gwragedd ar draws Cymru a thu hwnt. Dyma bobl sydd wedi cytuno mewn eiliad o wendid i annerch cinio neu swper cyhoeddus i anrhydeddu nawddsant Cymru. 'Pwy *oedd* Dewi?' yw'r gŵyn, neu 'Beth wnaeth e?' neu efallai 'Wn i fawr ddim amdano!' Ar yr un pryd, efallai, bydd llais cydwybod yn sibrwd, 'Sut galla i godi gwydraid o win i anrhydeddu dyn oedd yn mynnu yfed dŵr? Rhagrith! Pwy heblaw llwyrymwrthodwr sydd eisiau canmol dŵr pan fydd pawb arall â gwydrau llawn gwin yn eu dwylo?' Ond ni raid poeni: yn ôl y fersiwn Gymraeg o fuchedd Dewi, fe ofynnodd y sant am ffynnon o ddŵr yng Nglyn Hodnant, 'ac yn oes Dewi hy bu y ffynnon honno yn llawn o win, fel na bu arno yn ei oes ef eisiau gwin da' – ar gyfer yr Offeren, mae'n siŵr.

Hawdd yw cydymdeimlo â'r lleisiau hyn. Rwyf innau wedi bod mewn mwy nag un swper Gŵyl Ddewi lle roedd cawl cennin a theisen afal a phice ar y maen ar y bwrdd, gyda lemonêd neu baned o de. Rwyf wedi bod, trwy haelioni eraill, yn gloddesta gyda Chymry Llundain yng ngwesty'r Savoy a'r Guildhall gyda phum cant a rhagor o bobl yn eu dillad swanc, yn mwynhau cinio rhagorol a gwinoedd ardderchog. Roeddem oll yn dilyn defod i anrhydeddu Dewi Sant sydd yn mynd yn ôl i'r flwyddyn 1715 o leiaf, fel y cawn weld.

Dyw hi ddim yn syndod fod y darpar areithwyr yn drysu. Os buoch yn dysgu am Ddewi o gwbl, mae'n debyg i hynny ddigwydd flynyddoedd yn ôl yn yr ysgol gynradd. Ni chlywsoch fawr ddim am hanes Dewi mewn gwasanaeth eglwys, a llai fyth mewn capel. Rhaid cofio, wrth fynd heibio, nad yw'r rhan fwyaf o siaradwyr Gŵyl Ddewi yn cael eu gwahodd i annerch oherwydd eu gwybodaeth am hanes dyrys yr Eglwys Gymreig gynnar.

Mae gan y gwahoddedigion hyn broblem. Roedd Dewi'n byw amser maith yn ôl, mewn oes sy'n ymddangos yn niwlog a dyrys. Prin yw testunau'r cyfnod, ac anodd yw'r archaeoleg. Os yw siaradwr gwadd Gŵyl Ddewi yn gydwybodol, os yw'n awyddus i gael gwybod mwy am wrthrych y dathlu, pa lyfrau am Ddewi sydd ar gael i'w helpu?

Ar un llaw mae llyfrau plant, digon teilwng mae'n siŵr – ond llyfrau plant ydyn nhw wedi'r cyfan, yn dibynnu ar wyrthiau'r sant, ac yn osgoi pynciau anodd megis y treisio a fu ar Non, mam Dewi.

Ar y llaw arall mae llyfrau ysgolheigaidd, mewn Saesneg bron i gyd. Yr unig gyfrol gyffredinol y gwn i amdani mewn print sy'n trafod hanes Dewi Sant ar gyfer pobl mewn oed yw llyfryn ardderchog Nona Rees, *Saint David of Dewisland*. Ond llyfryn sy'n rhoi'r sylw pennaf i wlad Dewi Sant ydyw, y fro o gwmpas Tyddewi. Llyfryn arall, o safbwynt Pabyddol, yw *Dewi Sant: Saint David: Patron of Wales* gan J. B. Midgley. Mae cyfrolau ysgolheigaidd ar gael, wrth gwrs. Y gyfrol awdurdodol yw *St David of Wales: Cult, Church and Nation*, wedi ei golygu gan J. Wyn Evans a'r Athro

Jonathan Wooding, ac rwyf yn ddyledus iawn i'r ddau. Ond mae'n llyfr drud, ac eithriad fyddai canfod copi yn eich llyfrgell gyhoeddus neu siop lyfrau leol. Yr unig lyfr o bwys ysgolheigaidd yn Gymraeg yw golygiad D. Simon Evans o'r testun Cymraeg, *Buched Dewi*, sydd allan o brint. Ond mae'n debyg bod gobaith cael golygiad newydd cyn hir.

Felly, dyma ymgais i roi cymorth i bobl nad oes modd iddyn nhw dyrchu mewn llyfrgelloedd academaidd, ond sy'n dymuno gwybod rhywbeth mwy am ffigur amlochrog nawddsant Cymru – Dewi Sant. Bydd yn ymgais i benderfynu pa wybodaeth sydd ar gael am Ddewi'r dyn, y sant a'r nawddsant, a hynny dros y canrifoedd. Does dim modd gwneud stori gymhleth yn syml, ond rwyf am ei gwneud yn ddarllenadwy hyd fy ngallu. Gyda llaw, mae ambell sioc ar y ffordd. Ydy'r syniad o Ddewi fel Cardi o'r crud yn syndod? Neu Dewi'r marchog dewr? Neu hyd yn oed Dewi'r gŵr priod? Gwarchod pawb! Ond daliwch ati!

Wrth i ni edrych yn agosach, bydd modd gweld bod Dewi, mewn gwirionedd, yn ddyn ar gyfer pob cyfnod, ac nid ar gyfer ei oes na'i ŵyl yn unig. Hynny yw, byddwn yn trafod ffigur cynnar a ddaeth yn un o wrthrychau pennaf y diwylliant pererindota ym Mhrydain yr Oesoedd Canol. Dyma sant y bu ei enw yn rhyfelgri ar wefusau'r goresgynwyr ffyrnig hynny, y Cambro-Normaniaid o Benfro, a aeth i feddiannu Iwerddon yn 1176. I eraill roedd cwlt Dewi'n rhan o'r ymdrech i sicrhau bod yr Eglwys Gymreig yn annibynnol oddi ar archesgobion Caergaint. I'r ffug-hanesydd Sieffre o Fynwy, roedd Dewi'n nai i'r brenin Arthur, ac yn olynydd Dyfrig fel archesgob Caerleon, cyn iddo symud i'r Gorllewin pell – ffiloreg, wrth gwrs.

I'r Diwygwyr Protestannaidd cynnar roedd Dewi'n symbol o bopeth oedd yn gas ganddyn nhw – ofergoeledd ac anwybodaeth. Daeth pererindota i ben yn swta a gadawyd seintwar, neu greirfa, Dewi'n wag. Ond yn lle diflannu i'r niwl, bu Dewi'n ffigur o bwys i rai o Ddiwygwyr oes Elisabeth I. Yn eu tyb nhw, roedd Dewi'n gynheiliad purdeb yr Eglwys Brydeinig gyntefig cyn ei llygru gan bydredd Rhufain. Yn y pen draw fe gadwodd Dewi ei le yng nghalendrau eglwysi Caergaint a Rhufain fel ei gilydd, er nad oedd hynny'n gwarantu llawer o sylw iddo. Cawsai sylw gynt gan y beirdd Cymreig, cawsai nawdd Harri VII, cafodd sylw gan Shakespeare ac awduron Saesneg eraill. Gyda sefydlu cymdeithasau Cymreig yn Llundain a thu hwnt, daeth Dewi'n wrthrych llwncdestunau o gwmpas y byd. Erbyn heddiw mae ei enw ar golegau, ysgolion, clybiau, canolfannau busnes, neuaddau cyngerdd, gwestai ac ysbytai. Mae'n stori i ryfeddu ati. A wyddoch fod Dewi yn un o Saith Pencampwr y Byd Cristnogol? Cewch weld.

Mae Dewi felly'n ffigur hynod o gymhleth a diddorol, ac mae'r canrifoedd wedi ei drawsffurfio o hyd ac o hyd. Wrth wraidd y cyfan mae dyn arall hynod, sef Rhygyfarch o Lanbadarn Fawr, oedd yn byw bum can mlynedd ar ôl oes Dewi. Dyma awdur y *Vita Sancti David*, sef Buchedd Dewi, un o gampweithiau llenyddiaeth Ladin yr Oesoedd Canol yng Nghymru. Cafodd y llyfr ddylanwad ar hanes crefyddol Cymru am gan mlynedd a mwy, ac mae'n fan cychwyn pob astudiaeth o Ddewi.

Wrth derfynu, rhaid deall mai Dewi Sant, *nid* eglwys gadeiriol Tyddewi, yw testun y llyfr hwn, er bod cyfeiriadau ati'n digwydd o dro i dro wrth gwrs. Byddwn wedi hoffi cynnwys pennod ar Ddewi mewn llên gwerin. Mae astudiaethau Elissa Henken wedi dangos gymaint o ffigur a fu'r sant yn nychymyg awduron a'r bobl. Yn ychwanegol at yr holl straeon amdano a geir gan Rygyfarch, ceir rhagor gan y beirdd a chasglwyr traddodiadol. Felly cawn wybod am Ddewi'n gosod carreg Mesur-y-Dorth yn Llanrhian, yn gwahardd yr eos rhag canu yn Llanddewibrefi, yn troi dynion yn fleiddiaid, yn sicrhau bod ei wlad yn rhydd o wiberod a phlâu, a lliaws o draddodiadau eraill.

Gyda hynny o ragymadrodd, mentrwn gyda'n gilydd ar drywydd troellog ffigur amlochrog Dewi Sant.

1

Dewi Sant yn ei Oes

Y ffordd fwyaf syml o edrych ar Ddewi yn ei oes yw dechrau gyda'r traddodiadau amdano, yn enwedig yr wybodaeth sydd ar lafar gan bobl o hyd. Mae'r cyfan o'r wybodaeth honno yn dibynnu yn y pen draw ar waith Rhygyfarch, y *Vita Sancti David*, a gyfansoddwyd tua 1090, ganrifoedd wedi marw Dewi. Bydd penodau eraill yn trafod Rhygyfarch ei hun, a'i lyfr, yn fwy manwl, ond rhaid cyfeirio ato droeon yn y bennod hon.

Gellir crynhoi'r traddodiadau am Ddewi fel hyn:

Ganed Dewi ym mro Pebidiog (rhan o Ddyfed), yn fab i Sant, brenin Ceredigion, a Non, lleian rinweddol. Beichiogodd Non o ganlyniad i gael ei threisio gan Sant. Roedd arglwydd lleol wedi clywed gan ei wŷr hysbys y byddai'r baban yn dod yn arglwydd ar yr holl wlad. Penderfynodd yr arglwydd ladd y baban, ond cafodd ei rwystro gan storom. Ganwyd y baban yn ddiogel.

Cafodd Dewi addysg yn *Vetus Rubus*, yna aeth i sefydlu eglwysi a mynachlogydd yn Lloegr a Chymru. Wedi dychwelyd i *Vetus Rubus*, symudodd gyda rhai o'i ddisgyblion i *Vallis Rosina* a sefydlu mynachlog ger afon Alun.

Yno daeth Dewi i wrthdrawiad â Baia, pennaeth lleol gelyniaethus, a'i wraig gas, ac fe'u lladdwyd. Roedd y ddisgyblaeth yn ei fynachlog newydd yn llym: llysiau a dŵr oedd yr unig gynhaliaeth. Aeth i Jerusalem a chael ei urddo'n archesgob; daeth yn ôl ac achubodd y wlad rhag heresi Pelagiaeth, a hynny yn Llanddewibrefi, lle cododd y tir o dan ei draed wrth iddo bregethu. Bu ail gynhadledd, Synod Buddugoliaeth, mewn lle dienw, a chafodd Dewi ei gydnabod yn esgob. Bu farw Dewi mewn oedran mawr ddydd Mawrth, Mawrth y 1af. Myn y traddodiad fod yr eglwys gadeiriol bresennol ar safle mynachlog Dewi.

Hyd yn oed heb y traddodiadau llenyddol hyn, mae tirwedd bro Dewi fel petai'n cadarnhau'r awyrgylch o sancteiddrwydd sy'n swyno ymwelwyr. Dyma ymgais i'w grynhoi:

Mae safle eglwys Tyddewi yn wahanol iawn i eglwysi cadeiriol mwyaf Lloegr, sydd wedi cael eu traflyncu gan y dinasoedd o'u cwmpas. Er bod Tyddewi'n ddinas fechan, mae hi allan o olwg y gadeirlan yn llwyr. Os bydd dyn yn sefyll yn y Porth Mawr ac yn edrych i lawr tua'r eglwys, neu'n symud i fynedfa'r eglwys, mae'r olygfa'n wyrdd i bob cyfeiriad. Dacw hen balas yr esgob, y Deondy braf, ond hefyd dyna afon Alun, dacw ddôl a choedydd. Dyna hefyd hen furiau sy'n dal i amgáu'r tir cysegredig: o fewn hwnnw erstalwm gallai drwgweithredwyr gymryd lloches rhag y gyfraith.

Y tu hwnt i'r ddinas fechan mae tirwedd ehangach sy'n gyforiog o fannau a fuasai, yn amser y pererinion cyn y Diwygiad Protestannaidd, yn denu ymwelwyr o le i le. Dyna gapel Non a'i ffynnon; ger Porth Clais mae Pistyll Dewi, lle cafodd Dewi ei fedyddio. I'r gorllewin mae dyn yn pasio adfeilion capel Justinian i fynd i lawr i Borth Stinan. Dyma'r man i groesi'r swnt i Ynys Dewi, lle cafwyd hyd i garreg

1

fedd Sadyrnfyw Hael, esgob a fu farw yn 831. Wrth fynd ar
hyd llwybr yr arfordir o Borth Stinan i'r gogledd mae traeth
y Porth Mawr, gydag adfeilion capel Padrig gerllaw. Mae'r
awyrgylch dangnefeddus yn rhyfeddol, hyd yn oed cyn
mynd i mewn i ogoniant yr eglwys.

Serch hynny, hawdd yw amau'r cyfan a dweud, fel y
dywedodd cyfaill o hanesydd wrthyf, na wyddom fwy
am Ddewi nag y gellid ei ysgrifennu ar gefn stamp.
Wedi'r cyfan, mae gwaith Rhygyfarch, a luniwyd bum
can mlynedd wedi marw'r sant, yn frith o wyrthiau
anghredadwy, a does fawr o dystiolaeth i gefnogi
hynny o fanylion 'ffeithiol' sydd. Dechreuwn felly trwy
geisio cyflwyno ychydig ffeithiau, er mor anodd fydd
hynny. Pam mae hynny'n anodd? Oherwydd prinder

Ynys Dewi (Ramsey Island).

gwybodaeth, wrth reswm, ond hefyd oherwydd bod rhai 'ffeithiau' yn ddadleuol a'r ffynonellau'n dywyll.

Yn gyntaf oll, roedd Dewi'n *bod*, yn greadur o gig a gwaed. Does neb erioed wedi gwadu hynny o ddifrif. Ffaith arall yw bod Dewi'n cael ei gysylltu bob tro â hen deyrnasoedd Cymreig Dyfed (sef Sir Benfro heddiw) a Cheredigion, ac yn nes ymlaen â'r deyrnas ehangach, Deheubarth. Mae'n wir bod eglwysi cynnar wedi eu cyflwyno i Ddewi ym Mhowys, Morgannwg, Gwent, Swydd Henffordd a gorllewin Lloegr. Ond rywle yng ngorllewin Deheubarth y digwyddodd genedigaeth a marwolaeth Dewi. Dyma wlad rhai o'r eglwysi hynaf a gysylltir â'i enw, a dyma fro ei brif seintwar, sef eglwys gadeiriol Tyddewi.

Ffaith arall: mae enw Dewi'n tarddu o Hebraeg yr Hen Destament. Roedd enwau bedydd Beiblaidd wedi dod i'r wlad yn sgil y cenhadon Cristnogol cynnar. Dwy enghraifft arall yw'r enwau Samson ac Aser – dynion y byddwn yn cwrdd â nhw yn nes ymlaen. Y ffurf Ladin *Davidus* a ddaeth yn adnabyddus yn Ewrop, sy'n rhoi 'Dafydd' ar dafodleferydd y Cymry ers canrifoedd. Ond cofiwn beth sydd yn digwydd yn iaith Dyfed i eiriau sy'n diweddu gydag '-ydd', megis 'gilydd' a 'mynydd'. Maen nhw'n colli'r '-dd' yn aml, a cheir 'gily' a 'mwny'. Felly gydag enw'r sant: roedd 'Dafydd' yn troi'n 'Dewi' ar dafodleferydd y De-orllewin. Mae'n amlwg felly bod Dewi yn frodor yno. Dywed Rhygyfarch fod y sant wedi ei fedyddio'n 'Davidus, ond mae'r bobl gyffredin yn ei alw'n Ddewi'. Ni fuasai hynny wedi digwydd oni bai iddo gael ei eni ymhlith pobl a siaradai'r dafodiaith honno.

Ffaith arall: rhaid felly mai Cristnogion oedd rhieni Dewi, pwy bynnag oeddent, gan mai nhw ddewisodd yr enw. Mae ysgolheigion yn priodoli dyfodiad Cristnogaeth i Brydain i'r canrifoedd pan oedd y Rhufeiniaid yn rheoli. Ar un adeg, doedd fawr o dystiolaeth i ddangos bod y Rhufeiniaid wedi bod i'r gorllewin o Gaerfyrddin. Ond, bellach, cafwyd caer Rufeinig yng Nghas-wis (Wiston), Sir Benfro, a fila Rufeinig yn Abermagwr, gogledd Ceredigion. Roedd y Rhufeiniaid yn gwneud mwy na rhyfela yng Nghymru.

Ffaith arall eto: roedd Dewi'n byw yn ystod y chweched ganrif. Ond mae darganfod yr union ddyddiadau yn anodd. Ym mha flwyddyn y ganed Dewi? Dim ond un ffynhonnell Gymreig sy'n cynnig ateb, sef y cronicl Lladin a elwir yr *Annales Cambriae* – dogfen o Dyddewi a gopïwyd tua 950, cyn oes Rhygyfarch. Dewi yw'r unig sant o Gymro i gael ei grybwyll yn y ddogfen hon. Dywed y cofnod cwta:

> 458: Ganed Dewi Sant yn y ddegfed flwyddyn ar hugain wedi i Padrig adael Mynyw.

Ond ni all y dyddiad fod yn gywir o bell ffordd! Mae'n wir bod Padrig yn perthyn i'r bumed ganrif, ond cawn weld bod Dewi'n ddyn o'r chweched ganrif. Beth aeth o'i le?

Roedd hen draddodiad yn mynnu bod Padrig wedi bod yn ardal Tyddewi. Mae adfeilion hen gapel ger y Porth Mawr a elwir capel Padrig hyd heddiw, gyda beddau o'r cyfnod cynnar. Ac yntau'n sant mor bwysig, rhaid cynnig esboniad pam yr aeth i Iwerddon, a chael

Carreg fedd gyda chroes arni, capel Padrig.

Hawlfraint: Ymddiriedolaeth Archaeolegol Dyfed

ei ddisodli, megis, gan Ddewi. Cydiodd Rhygyfarch yn yr hanes a datblygu stori breuddwyd Padrig am yr angel a'i gyrrodd dros y môr, gan ildio'i le i Ddewi.

Gan fod y stori'n dweud bod Duw wedi cadw de-orllewin Cymru ar gyfer dyn (sef Dewi, wrth gwrs) a gâi ei eni ar ôl ymadawiad Padrig, rhaid ei fod wedi ei eni tua chanol y bumed ganrif. Wrth i Rygyfarch gredu'r dyddiad 458, a gwybod i sicrwydd fod Dewi wedi marw yn ail hanner y chweched ganrif, roedd yn rhaid iddo dybio bod Dewi wedi marw'n 147 oed! Roedd hynny'n hawdd i Rygyfarch ei dderbyn – yn ôl Llyfr Genesis, roedd y patriarch Jacob wedi marw'n 147 oed. Tybiai Rhygyfarch fod gwyrthiau'n bosibl yn achos mawrion y Ffydd.

A oes unrhyw awgrym arall am ddyddiad genedigaeth Dewi? Yr ateb syml yw nag oes, dim. Ond pe gwyddem flwyddyn ei farwolaeth, byddai modd dyfalu'n fras beth oedd dyddiad ei eni. Beth felly am ddyddiad marwolaeth Dewi? O ran y diwrnod ei hun, mae pob ffynhonnell yn cytuno mai Mawrth y 1af oedd diwrnod ei farw, ac mae yna reswm dros gredu bod hynny'n gywir.

Pam felly? Os oedd dyn wedi dod yn nodedig yn ystod ei oes am ei ffyddlondeb i'r Efengyl, gallai'n rhwydd ddenu disgyblion ato yn ystod ei oes, a chael ei gofio ganddynt fel sant. Buasai diwrnod ei farw yn un i'w gofio ymhlith ei ddilynwyr, oherwydd dyna'r diwrnod y gadawodd eu harwr y byd meidrol hwn a chael mynediad i fyd y gogoniant tragwyddol. Dyna wir ddiwrnod ei eni i fywyd cyflawn gyda Duw. Mae hi o leiaf yn rhesymol, er nad yn hollol sicr, credu bod Mawrth y 1af yn gywir.

Ond os derbyniwn mai dyna oedd diwrnod marw Dewi, beth am y flwyddyn? Mae Rhygyfarch yn mynd gam ymhellach ac yn dweud mai dydd Mawrth oedd y 1af o Fawrth hwnnw. Nawr mae'n bosibl mai dyfais yw hyn i ddangos rhyw ffug-daclusrwydd, felly ni allwn bwyso'n ormodol arno, ond gall fod yn berthnasol. Er nad yw pob diwrnod cyntaf mis Mawrth yn ddydd Mawrth, wrth reswm, mae hynny'n digwydd bob saith mlynedd, fwy neu lai.

Ar gyfer blwyddyn marwolaeth Dewi, rhaid troi at Iwerddon am ychydig o oleuni. Roedd cysylltiadau agos rhwng Cymru ac Iwerddon yn ystod y canrifoedd cynnar hyn, ac mae nifer o seintiau Gwyddelig yn ymddangos yn hanes Rhygyfarch. Gwyddel oedd un o brif seintiau cynnar Penfro, sef Brynach. Daeth Dewi'n adnabyddus yn Iwerddon, i'r graddau iddo gael teitl *doctor sapiens* er na fu yno erioed; yn hytrach, roedd Gwyddelod wedi dod ato ef. Mae cronicl cynnar, yr *Annales Inisfallen*, yn dweud bod Dewi wedi marw yn 589, ac mae hi'n ffaith mai dydd Mawrth oedd y 1af o Fawrth y flwyddyn honno. Felly er na allwn fod yn hollol sicr, eto mae 589 yn ddyddiad rhesymol. Os felly, mae modd awgrymu iddo gael ei eni rywdro rhwng 520 a 540.

Hyd yn hyn, felly, rydym wedi crynhoi dyrnaid bach o osodiadau credadwy: am fro a chyfnod Dewi, am ei enw bedydd, am ffydd ei rieni a'i wlad, am ddiwrnod a dyddiad tebygol ei farw. Beth am ffeithiau posibl eraill: pwy oedd rhieni Dewi? Ble ganed ef? Ble treuliodd ei fywyd? Pa waith wnaeth e? Hyd yma rwyf wedi ymdrechu i osgoi unrhyw amwysedd, ac wedi trafod gosodiadau y mae'n bosibl eu derbyn. Ond wrth geisio edrych y tu hwnt i'r ychydig ffeithiau moel – enw, bro, ffydd, dyddiadau – mae'r rhagolygon yn llai eglur.

Erbyn hyn mae'n amser i'ch rhybuddio. Os yw fersiwn draddodiadol hanes Dewi Sant yn eich plesio, ac nad oes arnoch awydd cael eich dadrithio, gwell troi'n syth at ail bennod y llyfr hwn.

*

Dechreuwn gyda rhieni Dewi. Mae Rhygyfarch yn bendant mai Sant, brenin Ceredigion, a Non, y lleian, oedden nhw. Mae 'Sant' yn enw od – fel petai rhywun yn ceisio dangos bod tad Dewi'n ddyn da er gwaethaf y ffaith iddo dreisio Non. Yn y rhestr hynaf o frenhinoedd Ceredigion, a luniwyd cyn amser Rhygyfarch, does neb o'r enw Sant. Mae'r enw'n ymddangos fel petai wedi ei ffugio i lenwi bwlch am na wyddai neb beth oedd enw tad Dewi.

Wrth gwrs, byddai dangos bod Dewi'n dod o deulu brenhinol yn help i sefydlu ei enw da. Mae achau'r seintiau yn mynnu bod lliaws ohonyn nhw'n blant i

23

frenhinoedd – does dim rhaid mynd ymhellach na rhestr disgynyddion Ceredig, sydd yn cynnwys y seintiau Afan, Cynidr, Carannog a Dogmael. Am y trais ar Non, prin iawn yw'r seintiau a aned o ganlyniad i drais. Mae'n wir fod hanes bywyd Sant Centigern yn mynnu iddo fod yn fab i weithred o drais, ond ni chafodd ei fam ei chofio fel santes, druan. Mae rhyw flas chwedl werin yn gryf ar yr hanesion.

Felly, mae'n wir fod nifer sylweddol o seintiau Cymru – yn ôl yr achau – yn ddisgynyddion i frenhinoedd, yn bennaf Cunedda a Brychan Brycheiniog. Ac mae'n wir y byddai'n rhaid i ddyn oedd yn arweinydd yn ei gymdeithas, fel sant, fod yn ddyn o statws arbennig. Ond i ddilynwyr Dewi, bu'n rhaid dyfeisio ach os nad oedd un ar gael!

Mae'r tebygrwydd rhwng amgylchiadau cenhedlu a geni Dewi (yn ôl Rhygyfarch, wrth gwrs) a'r hanesion am y baban Iesu yn drawiadol. Roedd Iesu'n fab i rieni oedd heb briodi, a'i dad yntau o dras brenhinol. Mae proffwydoliaethau ynghylch ei enedigaeth, a brenin drwg yn awyddus i'w ddifa. Mae dylanwad chwedloniaeth yn drwm ar hanes genedigaeth a ieuenctid arwyr trwy'r oesoedd.

Beth felly am fam Dewi, Non? Mae gwahaniaeth eglur rhwng Sant a Non. Does dim gwybodaeth arall yn y traddodiad am Sant heblaw iddo dreisio Non a byw'n rhinweddol wedi hynny. Mae gennym dipyn o wybodaeth am Non. Mae'n gysylltiedig â Llan-non (Ceredigion) a Llan-non (Caerfyrddin). Mae eglwysi wedi eu cyflwyno yn ei henw yng Nghernyw a Llydaw hefyd: mae ei bedd honedig yn cael ei ddangos yn eglwys Dirinon, Llydaw. Yn ôl yr achau cynnar, roedd Non yn ferch i Gynyr, o Gaer Gawch ym Mynyw. A dyma ni yng nghanol nyth cacwn! Mae datrys y broblem yn dibynnu ar yr enw 'Mynyw'. Mae pawb yn gwybod mai Tyddewi yw Mynyw. Ond ydy popeth mor syml â hynny?

Ystyr y gair 'Mynyw' yw 'llwyn', wedi ei fenthyg o'r Wyddeleg *muine*. *Menevia* yw'r ffurf Ladin, iaith llyfr Rhygyfarch, ond dyw e ddim yn enwi *Menevia* unwaith. Ond edrychwn ar yr enw *Vetus Rubus*. Ystyr yr enw yw 'yr hen lwyn', 'llwyn mieri' efallai. Gerallt Gymro, a oedd yn ysgrifennu gan mlynedd ar ôl Rhygyfarch, oedd y cyntaf i awgrymu mai Henfynyw, i'r de-orllewin o Aberaeron, oedd *Vetus Rubus*, gan fod y ddau enw'n gyfystyr. Os Henfynyw oedd y *Menevia* neu Fynyw gwreiddiol, dyna ddatrys dwy broblem ar unwaith. Yn gyntaf, cafodd Dewi ei addysg yn Henfynyw, Ceredigion: ac yn ail, dywedir bod ei fam hefyd o'r Mynyw gwreiddiol – Henfynyw. Gellir ychwanegu bod 'Sant' yn frenin Ceredigion. Ym mhennod gyntaf gwaith Rhygyfarch cawn ddisgrifiad o'r brenin Sant yn Nyffryn Teifi yn hela carw, yn dal pysgodyn ac yn dod o hyd i haid o wenyn ger Henllan Teifi. Yn wir, mae hi fel petai Rhygyfarch – yntau o Lanbadarn – yn awyddus i gydnabod pwysigrwydd Ceredigion yn hanes Dewi.

Pam, felly, mae Sant, yn ôl Rhygyfarch, yn cyfarfod â Non yn Nyfed (Sir Benfro heddiw), nid yng Ngheredigion? Erbyn cyfnod Rhygyfarch, wrth gwrs, roedd Tyddewi eisoes yn brif ganolfan cwlt Dewi Sant, a diau ei fod yn credu mai brodor o Ddyfed oedd y sant.

Ond cofiwn fod Rhygyfarch yn amhendant iawn am union leoliad genedigaeth Dewi; dyw e ddim yn enwi'r lle o gwbl. Ateb posibl fyddai tybio bod ffocws cwlt Dewi wedi symud o'r canolbwynt gwreiddiol, sef Henfynyw yng Ngheredigion, i'r Fynyw Newydd ym Mhebidiog, Dyfed. Credai Rhygyfarch fod hynny wedi digwydd yn oes Dewi ei hun. Mae hynny'n esbonio'r ffaith fod Dewi wedi sefydlu ei ganolfan ddwywaith – yn gyntaf yn Henfynyw, lle roedd yn byw gyda'i ddisgyblion, a'r ail dro yn *Vallis Rosina*, sef y safle presennol, neu rywle'n agos.

*

Bydd yr awgrym mai Cardi oedd Dewi Sant yn peri tramgwydd i'r lliaws o Gymry sy'n credu, yn unol â'r traddodiad, mai yn Nyfed y cafodd ei eni. Mae cynheiliaid traddodiad Rhygyfarch yn barod i dderbyn bod Dewi wedi cael ei addysg yn Henfynyw, ond iddo ddychwelyd i'w fro enedigol i sefydlu ei fynachlog. Ond os derbyniwn am funud y dewis arall, sef bod Dewi wedi ei eni ac wedi treulio ei oes yng Ngheredigion, beth am Dyddewi ei hun? Yno, wrth gwrs, yr oedd prif gwlt Dewi – ond ers pryd? Efallai, fel y dywed Rhygyfarch, yn ystod oes y sant ei hun: efallai'n ddiweddarach.

A yw'n bosibl fod Dewi wedi treulio ei oes i gyd yng Ngheredigion? A hynny yn Henfynyw? Neu yn Llanddewibrefi hyd yn oed? Ac os, rywdro, y symudwyd y fynachlog i Benfro wedi marwolaeth Dewi, pam, a pha bryd? Roedd Penfro'n ardal fwy poblog a chyfoethog na Cheredigion, a'r cysylltiadau ag Iwerddon yn haws. Gallasai'r ffactorau hynny ddenu sefydliad o bwys i'r fro. Hefyd, roedd statws teyrnas fechan Ceredigion yn dirywio yn ystod y nawfed ganrif: bu farw'r brenin olaf yn 871.

Yng Ngheredigion, mae'r nifer sylweddol o eglwysi a gysegrwyd yn enw Dewi yn dystiolaeth i gryfder ei gwlt yno: Henfynyw ei hun, Llanddewi Aber-arth, Maenordeifi, Bangor Teifi, Bridell, Henllan, Capel Dewi, Llannarth, Blaenpennal a Llanddewibrefi. Does neb heddiw'n credu i Ddewi sefydlu'r eglwysi hyn ei hun, ond maen nhw'n dyst i gryfder y traddodiadau amdano yng Ngheredigion a Dyffryn Teifi. Ond a ydyn nhw'n profi bod Dewi'n frodor o'r dalaith?

Wrth drafod cyfnod sydd mor brin ei gofnodion, mae'n gall cydnabod na ellir byth profi'r achos yn

Eglwys Henfynyw, Aberaeron.

derfynol. Hen ddadl athronwyr yw bod yn rhaid i ddyn sy'n wynebu dewis rhwng dwy ddamcaniaeth ddewis y rhwyddaf. Ond mae modd ystyried pethau eraill perthnasol. Cymerwch er enghraifft eglwys Henfynyw. Mae'n adeilad o gyfnod Fictoria: oes modd credu bod y safle'n hen? Oes – mae yno garreg yn dwyn arysgrif gynnar, sef yr enw personol 'Tigeirn', neu 'teyrnon', sy'n perthyn i'r cyfnod 600–800. Mae hynny'n ddigon ynddo'i hun i ddangos mor hynafol yw'r safle, er nad oes dim o'r eglwys wreiddiol yno bellach. Mae maint a ffurf gron y fynwent hefyd yn dystiolaeth o oed y safle.

Nid y fi sy'n gyfrifol am y syniad fod Dewi, o bosibl, yn ddyn o Geredigion yn hytrach na Dyfed. Rwy'n ddyledus am hynny i'r Gwir Barchedig J. Wyn Evans, esgob Dewi, sydd wedi astudio'r maes ers blynyddoedd. Ef wnaeth fy rhoi ar ben ffordd, gan gydnabod nad oes sicrwydd i'w gael. Nid ef chwaith oedd y cyntaf i awgrymu'r posibiliad. Mewn araith Dydd Gŵyl Ddewi yn 1910, ym mhapur y *Cambrian News*, heriodd yr hynafiaethydd George Eyre Evans ei wrandawyr fel hyn:

> If, he said, he threw down the gauntlet that their national saint was a Cardiganshire man, he would not be far wrong.

Efallai mai ef hefyd oedd yn gyfrifol am dair erthygl ddienw ar lên gwerin yn y *Welsh Gazette* yn 1912, yn dadlau mai Cardi oedd Dewi.

Wrth grynhoi, mae dau beth pwysig i'w dweud. Yn gyntaf, yng nghanol gwaith Rhygyfarch, yn rhydd o wyrthiau a dychymyg, mae disgrifiad hir a manwl o drefn bywyd mynachlog Dewi: yr aredig heb ychen na cheffylau, yr ymwrthod ag eiddo, y fwydlen o lysiau a dŵr, yr ufudd-dod llwyr. Dyna'r drefn a enillodd iddo'r llysenw 'Aquaticus', y Dyfrwr. Mae nifer o ysgolheigion heddiw yn barod i dderbyn bod hwn yn ddisgrifiad â'i wreiddiau yn amser Dewi ei hun. Roedd Gildas, a oedd yn ysgrifennu yn ystod y chweched ganrif, wedi ymosod yn ffyrnig ar y math hwn o fynachaeth, yn dadlau ei bod yn afresymol o galed. Er nad yw'n enwi Dewi, mae iaith y feirniadaeth yn hynod debyg i ddisgrifiad Rhygyfarch. Rwy'n helaethu ar y pwnc hwn ym mhennod 3.

Yn ail, does dim amheuaeth am fodolaeth Dewi, beth bynnag yw amheuon ysgolheigion am nifer o agweddau ar y straeon amdano. Rwyf wedi bwrw amheuaeth ar fodolaeth Non a Sant, yn enwedig Sant, fel rhieni Dewi. A oes unrhyw berthnasau eraill gan Ddewi? Gallwn anghofio ymdrech Sieffre o Fynwy i gysylltu Dewi â'r brenin Arthur. Mae ffynonellau eraill yn awgrymu bod gan Ddewi chwaer o'r enw Magna, ond mae'r Athro Barry Lewis wedi dangos mai ffrwyth dychymyg yw hithau. Mae Rhygyfarch yn enwi Gwystli fel mab brawd (dienw) Dewi, ond ni wyddwn ddim mwy am hwnnw.

*

Beth arall sydd i'w ddweud am y Dewi cynnar, am Fynyw, hen a newydd, ac am y cyfnod? Roedd yn oes ryfedd, gyfnewidiol. Er bod Rhufain wedi colli gafael ar ynys Prydain gan mlynedd a mwy cyn amser Dewi, roedd hi wedi gadael ei dylanwad ar y tirwedd (ffyrdd, caerau, trefi, tai) ac ar y bobl (iaith, Cristnogaeth, diwylliant). Roedd Prydain, fel gweddill gorllewin Ewrop, fel petai'n ferw o bobloedd yn symud. Roedd trefedigaethwyr o Ewrop yn glanio ar arfordir de a dwyrain Prydain. Dyma'r Saeson a'r Eingl – pobloedd oedd yn awyddus i ennill tiroedd i'w ffermio, ac yn siarad tafodieithoedd Almaenig.

Roedd pobl eraill yn awyddus i symud o Brydain i Ewrop, sef brodorion Dyfnaint a Chernyw yn bennaf, a ymfudodd i Lydaw gan fynd â'r iaith Frythoneg gyda nhw. O Iwerddon daeth ymfudwyr i barthau gorllewinol Cymru a gogledd-orllewin yr Alban. Roedden nhw'n arddel eu hiaith am ddwy neu dair cenhedlaeth, ac yn defnyddio eu dull eu hunain o ysgrifennu, sef Ogam, ac yn cerfio eu henwau ar gerrig.

Trwy hyn oll, rhaid i ni gofio nad oedd 'Cymru' fel endid yn bodoli o gwbl. Rhaid defnyddio'r gair fel term daearyddol yn unig. Yn ystod oes Dewi Sant roedd y penrhyn Cymreig yn rhan o gadwyn o arglwyddiaethau a ymestynnai o afonydd Clud a Forth yn yr Alban hyd at Gernyw, a'r bobl yn siarad tafodieithoedd Brythoneg oedd yn prysur ddatblygu'n ieithoedd ar wahân. Roedd y wlad dan bwysau cynyddol gan y Sacsoniaid trwy gydol y bumed a'r chweched ganrif, ond wnaethon nhw ddim cyrraedd afon Hafren tan 577, na chwaith afon Merswy cyn 613.

Beth felly am dde-orllewin Cymru, sef Ceredigion a Dyfed (Penfro heddiw), cyn ac yn ystod oes Dewi? Erbyn geni Dewi Sant tua 520–40, roedd Cristnogaeth wedi ennill tir trwy Gymru. Mae'r ymadrodd 'Oes y Seintiau' bellach yn cael ei amau. Ond does dim amheuaeth nad oedd Cristnogaeth wedi disodli paganiaeth, a phregethu, tystiolaethu a sefydlu eglwysi a mynachlogydd wedi digwydd. Pwy arall fu'n gyfrifol am y prosesau hyn ond dynion a menywod? Diau bod y cof torfol wedi symleiddio a llurgunio'r ffenomenon, gan ddyfeisio ambell sant na fu erioed yn berson o gig a gwaed a phriodoli galluoedd goruwchnaturiol i rai oedd yn bobl go iawn, ac yn y pen draw wedi eu galw'n seintiau.

Ond ble roedd eglwysi'r Cristnogion hyn? Ble mae gweddillion eu mynachlogydd? Yn Iwerddon mae Oratori Gallarus ac eglwysi Glendalough yn weladwy; yn Lloegr erys nifer o eglwysi dros ddeuddeg canrif oed, megis Sant Pedr ar y Mur yn Essex, Escomb a Jarrow yn Durham a'r eglwys hynafol yn Bradford-on-Avon. Pam nad oes dim byd felly yng Nghymru? Mae'r esboniad yn syml: doedd y Cymry ddim yn defnyddio cerrig i godi eu hadeiladau – roedden nhw'n creu adeiladau syml o goed. Dan ddylanwad y Normaniaid y codwyd yr eglwysi hynaf sydd wedi goroesi yng Nghymru.

Felly, rhaid i'r ysgolhaig yng Nghymru droi at y cerrig cerfiedig o'r cyfnod cyn 1100. Y rhai cynharaf yw'r cerrig sy'n dwyn enw unigolyn yn unig – cerrig beddau gan amlaf. Mae'r enwau mewn Lladin neu mewn Gwyddeleg, a'u perchnogion yn byw rhwng 500 a 700 OC. Croesau yw mwyafrif y cerrig hyn o'r cyfnod 700–1100. Mae 138 ohonyn nhw yn Sir Benfro, 41 yn Sir Gaerfyrddin a 36 yng Ngheredigion.

Ond ystyriwn am funud y cerrig hynafol o Dyddewi.

Nid oes yr un garreg cyn 700 yn Nhyddewi a'r cylch. Yr un hynaf ym mro Dewi yw'r groes yng nghapel Non, sy'n perthyn i'r cyfnod 600–800 OC, heb enw arni. Mae gweddill y cerrig cerfiedig niferus ym mro Dewi o'r cyfnod 900–1100, sy'n dystiolaeth o bwysigrwydd cynyddol y sant a'i fro erbyn y cyfnod hwnnw. Ond pam nad oes tystiolaeth gynnar ym mro'r sant ei hun, ac yntau'n cael ei ystyried yn ffigur mor bwysig? Bron na fyddai dyn yn barod i awgrymu mai tua 900 oedd amser y symud o Henfynyw i'r Fynyw newydd. Rhaid cydnabod bod y cwestiwn yn dal yn agored, a chofio nad yw'n hawdd profi unrhyw beth o *ddiffyg* tystiolaeth.

Wrth symud i'r bennod nesaf, fe welwn fod enw a ffigur Dewi wedi dechrau tyfu ymhell cyn amser Rhygyfarch. Er cymaint mae'r traddodiad yn dibynnu ar ei waith, nid person a grëwyd gan Rygyfarch ydyw Dewi. Roedd Dewi'n dal i dyfu a datblygu i gyfeiriadau na fuasai'r sant wedi breuddwydio amdanyn nhw.

2

Dewi ar Gynnydd

Wrth geisio casglu'r ychydig ffeithiau sydd ar gael am fywyd Dewi, gwelsom fod ei enw wedi dod yn ddigon adnabyddus i'w gynnwys mewn croniclau a rhestri o seintiau Iwerddon a gopïwyd flynyddoedd ar ôl iddo farw. Roedd Dewi'n adnabyddus yn Llydaw hefyd. Gwyddom hynny am i'w enw ymddangos yn *Buchedd Sant Paul Aurelian*, a ysgrifennwyd yn Llydaw yn y nawfed ganrif. Yn hwnnw mae Dewi'n cael ei ddisgrifio fel *Aquaticus*, y Dyfrwr.

Darn arall o dystiolaeth gynnar yw'r arysgrif ar fur eglwys Llanddewibrefi. Heddiw nid oes modd deall y geiriau Lladin oherwydd cyflwr drylliedig y garreg. Ond yn y flwyddyn 1699 daeth yr ysgolhaig mawr Edward Lhuyd heibio i'r eglwys; gwelodd yr arysgrif Ladin mewn cyflwr darllenadwy, a'i chopïo. Ei hystyr oedd:

> Yma y gorwedd Idnerth mab Jacob, a laddwyd oherwydd anrhaith Dewi Sant.

Hynny yw, roedd rhywrai wedi niweidio neu ddwyn eiddo Dewi. Anodd yw dyddio'r arysgrif yn fanwl, ond rhaid bod Idnerth wedi marw rywdro rhwng 700 a 900 OC. Mae cynnwys yr arysgrif yn hynod ddiddorol.

Carreg Idnerth,
Llanddewibrefi.

Ynddi cawn ragor o ffeithiau: bod eglwys Llanddewibrefi eisoes yn un o eglwysi Dewi, bod gelyn wedi ymosod arni i'w hanrheithio, a bod Idnerth – offeiriad efallai – wedi cael ei ladd yn yr ymosodiad. Pwy oedd yn gyfrifol, nid oes modd gwybod – gellir dewis rhwng Saeson a Chymry. Dyma eto dystiolaeth gynnar sy'n cysylltu Dewi â Cheredigion.

Ceir ffeithiau cynnar eraill sy'n cysylltu enw Dewi â gwlad Seisnig Wessex, teyrnas a reolwyd rhwng 871 ac 899 gan y brenin Alfred. Roedd Alfred yn awyddus i godi safon diwylliant ei bobl; dysgodd Ladin ei hunan a pharatôdd lyfrau mewn Hen Saesneg. Yn ei awydd am ddysg, gwahoddodd yr offeiriad Cymreig Aser o Dyddewi i'w lys yng Nghaer-wynt. Ysgrifennodd Aser hanes bywyd Alfred ac ynddo mae'n cyfeirio at ei hunan fel dyn o bellafoedd de-orllewin Cymru, ac at ei gâr Nobis, a oedd yn 'archesgob' ym 'mynachlog a bro Dewi Sant'.

Yn ychwanegol at hynny, roedd mynachod Ynys Wydrin (Glastonbury) yn honni bod ganddyn nhw 'greiriau Dewi', gan gyfeirio at ddarn neu ddarnau o gorff y sant. Mae nifer o ddogfennau cynnar eraill o Wessex yn cyfeirio at Ddewi fel sant ac esgob, diau trwy ddylanwad Aser, a benodwyd gan Alfred yn esgob Sherborne.

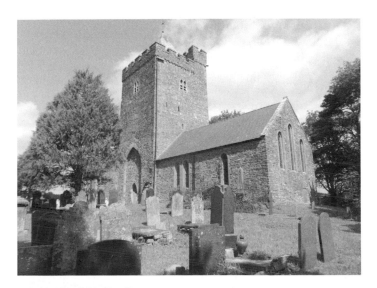

Eglwys Llanddewibrefi.

Yn ystod y canrifoedd cynnar hyn daeth Dewi mor
amlwg yng Nghymru nes iddo gael ei gyfri'r blaenaf o
holl seintiau Cymru ac yn ysbrydoliaeth i'r bobl. Rhaid
cydnabod, wrth gwrs, nad oedd ei enw mor bwysig yng
ngogledd y wlad, ond doedd dim sant yno â chynifer o
eglwysi ag oedd gan Ddewi yn y De. Yn Llyfr Taliesin
mae'r gerdd Gymraeg gynnar *Armes Prydein Vawr*,
a gyfansoddwyd tua 930 OC, yn proffwydo y byddai
pobl Cymru, Cernyw, Iwerddon a'r Alban yn uno yn
erbyn gormes y Teyrn Mawr. Hwnnw yn ddiau oedd
Athelstan, brenin Lloegr hyd 939, a fu'n awyddus i
estyn ei awdurdod dros yr ynysoedd hyn i gyd.

Meddai'r bardd (rwy'n aralleirio'r Hen Gymraeg):

35

bydd y Cymry yn ymgyflwyno eu hunain
 i Dduw ac i Ddewi…
bydd y gelyn yn cael ei yrru ar ffo trwy
 weddïau Dewi a seintiau Prydain…
bydd y Cymry yn arwain dan faner sanctaidd Dewi
 (*lluman glan Dewi*);
bydd y Gwyddelod yn gofyn i'r Saeson
 pam maen nhw wedi dinistrio hawliau Dewi…
Boed i Ddewi fod yn arweinydd y lluoedd…
Nid yw'n marw, nid yw'n ffoi, nid yw'n blino,
Nid yw'n darfod, nid yw'n methu, nid yw'n plygu, nid yw'n
 crino.

Mae'n deyrnged ryfeddol i Ddewi, ond aflwyddiannus fu apêl y bardd i'r Cymry, gan fod Hywel Dda, oedd yn teyrnasu dros y rhan helaethaf o Gymru yn y cyfnod hwnnw, yn barod i gydweithio â brenhinoedd Seisnig, gan gynnwys Athelstan. Ond dengys y gerdd mai Dewi oedd y dewis cyntaf o blith seintiau Cymru i fod yn gynrychiolydd cenedlaethol ac yn ysbrydolwr yr ymgyrch. Mae'n dangos hefyd fod y bardd yn gwybod am anrheithiau'r Saeson ym mro Dewi. Cawn weld mewn pennod arall nad *Armes Prydein* yw'r unig waith llenyddol i ddangos Dewi fel ysbrydoliaeth filwrol.

Er nad yw'n bosibl dynodi dyddiad pan gafodd Dewi ei gydnabod yn nawddsant Cymru, ni wyddom am unrhyw gystadleuydd. Mor wahanol oedd y sefyllfa yn Lloegr, lle bu mwy nag un sant arbennig – Cuthbert, Edmwnd, Edward Gyffeswr – cyn sefydlu Urdd y Gardys tua 1348. Dyna pryd y dyrchafwyd Siôr, oedd eisoes yn nawddsant Portiwgal, Georgia a Malta, yn nawddsant Lloegr hefyd.

Yn olaf, mae pwysigrwydd Mynyw, sef mynachlog
Dewi, yn amlwg oddi wrth nifer y troeon y cafodd ei
hanrheithio, yn enwedig gan y Northmyn o Iwerddon.
Mae'n wir bod eglwysi a chymunedau Cristnogol eraill
yng Nghymru wedi dioddef hefyd, ond yn ôl y cofnodion
cynnar, *Annals Cambriae* a *Brut y Tywysogion*, Mynyw
gafodd hi waethaf o bell ffordd (rhaid cofio mai yn
Nhyddewi y cadwyd y cofnodion perthnasol). Cofier
nad yr enw Tyddewi sydd yn y cronicl, ond Mynyw:

810	Llosgi Mynyw
907	Dinistrio Mynyw
982	Anrheithio Mynyw
988	Anrheithio Mynyw, Llandudoch, Llanbadarn, Llanilltud a Llancarfan
992	Anrheithio Mynyw
999	Anrheithio Mynyw a lladd Morgeneu yr esgob
1012	Anrheithio Mynyw
1022	Dinistrio Mynyw
1073	Anrheithio Mynyw a lladd Bleiddud yr esgob
1080	Anrheithio Mynyw a lladd Abraham yr esgob
1089	Dinistrio seintwar Dewi
1091	Dinistrio Mynyw

Meddai *Brut y Tywysogion* am anrhaith 1089:

> Yna y dygwyd seintwar Dewi o'r eglwys a'i hysbeilio'n llwyr
> yn ymyl y ddinas.

Ystyr y gair 'seintwar' yw'r greirfa a fuasai'n dal
esgyrn y sant. Gallai gyfeirio at gist neu at adeiladwaith
o gerrig i gynnwys y gist. Ni wyddom ddim mwy am

gist Dewi, ond erys enghreifftiau o Iwerddon; roeddent yn esiamplau gwych o grefft gweithwyr metel y cyfnod. Gellid tybio bod y mynachod wedi llwyddo i'w chuddio yn ystod ymweliadau cynharach y Northmyn. Ond collwyd y cyfan yn 1089, a gellir tybio nad oedd fawr ddim ar ôl yn Nhyddewi ddwy flynedd yn ddiweddarach pan ddaeth y Northmyn am y tro olaf. Serch hynny, nid dyna ddiwedd saga esgyrn Dewi, fel y cawn weld.

Bu'r unfed ganrif ar ddeg felly'n gyfnod cythryblus ar draws Cymru. Roedd y Saeson eisoes wedi meddiannu rhannau o ogledd-ddwyrain Cymru hyd at afon Clwyd, ac wedi sefydlu bwrdeistref Rhuddlan yno. Wedyn, yn 1067, croesodd y Normaniaid afon Gwy a threiddio i Went a Morgannwg ac ar hyd arfordir y Gogledd. Roedd tywysogion Cymreig Gwynedd, Powys, Morgannwg, Gwent a Deheubarth yn ymladd ymhlith ei gilydd ac yn erbyn neu ar ochr y mewnfudwyr. Yn y Gorllewin roedd Northmyn wrthi o hyd yn ymosod ar eglwysi'r arfordir. Roedd Cymru'n wynebu bygythiadau o bob cyfeiriad, o'r tu allan a'r tu mewn.

*

I grynhoi, gwelsom fod digon o dystiolaeth gynnar i ddangos statws uchel Dewi Sant cyn dyfodiad y Normaniaid yn 1067: arysgrif Llanddewibrefi, tystiolaeth croniclau cynnar Iwerddon, y gerdd *Armes Prydein Vawr* ac ymosodiadau'r Northmyn ar Fynyw. Ond beth am eglwysi – oedd yna eglwysi wedi eu cyflwyno yn enw Dewi Sant, heblaw ym Mynyw a Llanddewibrefi?

Ychydig a wyddom am eglwysi Cymru cyn dyfodiad y Normaniaid. Ond gallwn fod yn sicr o fodolaeth eglwysi a gysegrwyd yn enw Dewi Sant cyn 1200. Pan ganodd Gwynfardd Brycheiniog ei awdl fawr i Ddewi (tua 1170–80) roedd yn medru enwi un deg naw o eglwysi Dewi. Er gwaethaf defosiwn i'r Forwyn Fair a'r seintiau Pedr a Mihangel, ac i seintiau eraill Cymreig, roedd defosiwn i Ddewi ar gynnydd. Mae Dr Heather James yn rhestru rhyw bum deg pedwar o eglwysi Dewi yn perthyn i'r Oesoedd Canol, heblaw'r eglwys gadeiriol, a heblaw eglwysi ym Morgannwg, Powys a Gwent.

A chyda hynny, daeth yn amser i ni nesáu at Rygyfarch a'i lyfr.

3

Rhygyfarch:
ei Oes a'i Waith

Ganed Rhygyfarch yn Llanbadarn Fawr tua 1056, pan oedd y brenin rhyfelgar Gruffudd ap Llywelyn yn rheoli Gwynedd, Powys a Deheubarth (sef de Cymru heblaw Morgannwg a Gwent). Erbyn marwolaeth Rhygyfarch yn 1099 roedd popeth fel petai wyneb i waered. Roedd y Normaniaid wedi goresgyn Lloegr a diwygio'r Eglwys yno'n drwyadl. Ar hyd y Gororau ac ar draws de Cymru roedd cestyll a threfi bach niferus wedi ymddangos, a'r ardaloedd hynny yn cael eu llywodraethu gan arglwyddi Normanaidd.

Roedd Rhygyfarch yn fab hynod i dad nodedig, sef Sulien Ddoeth, abad clas Llanbadarn Fawr yng ngogledd Ceredigion: roedd y clas yn fath o gorfforaeth etifeddol o offeiriaid. Roedd Sulien yn enwog am ei ddysg, ar ôl iddo fod mewn ysgolion yn yr Alban ac Iwerddon am flynyddoedd. Bu'n athro ar ei bedwar mab – Rhygyfarch, Ieuan, Arthen a Daniel – a hwythau hefyd yn ddynion dysgedig. Efallai y bydd y ffaith bod offeiriad wedi cenhedlu pedwar o blant yn peri penbleth i'r darllenydd. Ond doedd dim gorfodaeth ar offeiriaid i fod yn ddibriod cyn y ddeuddegfed ganrif, a byddai'n frwydr am genedlaethau eto i berswadio clerigwyr Cymreig i fyw heb gymar.

Roedd Llanbadarn, er nad oedd yno'r eglwys fawreddog sy'n bodoli heddiw, yn ganolfan ddysg nodedig, lle copïwyd llawysgrifau hardd. Roedd Rhygyfarch a'i frawd Ieuan ill dau yn barddoni mewn Lladin a Chymraeg. Cafodd Sulien ei alw i fod yn esgob Tyddewi, a hynny nid unwaith ond ddwywaith, rhwng 1072 ac 1078, ac eto o 1080 hyd 1085, pan ymddeolodd am yr ail dro i Lanbadarn, lle bu farw yn 1091. Rhaid ei fod yn ddyn dewr, oherwydd pan aeth i Dyddewi y ddau dro i fod yn esgob, roedd yn cymryd lle esgobion a laddwyd gan y Northmyn. Ond er bod y rheiny'n dal yn beryglus, roedd bygythiad y Normaniaid yn fwy difrifol o lawer.

Eglwys Llanbadarn Fawr.
Llun: Alan Hale

Daeth y bygythiad yn fyw iawn i Sulien ar ddechrau ei ail gyfnod yn Nhyddewi, pan wynebai ddau argyfwng, un yn sgil y llall yn 1081. Roedd gwleidyddiaeth gythryblus Gwynedd a Deheubarth wedi cyrraedd trobwynt. Roedd Rhys ap Tewdwr, brenin alltud Deheubarth, wedi dychwelyd o Iwerddon i geisio nawdd gan Sulien cyn ymdrechu i adennill ei deyrnas. Roedd arno angen diogelwch rhag ei elynion yn seintwar Tyddewi. Toc, daeth ail frenin Cymreig alltud, sef Gruffudd ap Cynan, etifedd Gwynedd, i geisio cydweithrediad Rhys ap Tewdwr er mwyn dymchwel eu gelynion. Ym mhresenoldeb Sulien, tyngodd y ddau lw o ffyddlondeb i'w gilydd ar greiriau Dewi Sant, ac aethant ymlaen i drechu eu gelynion ym mrwydr Mynydd Carn.

Nid dyna ddiwedd cyffro 1081 oherwydd daeth Gwilym Fastard, concwerwr Lloegr, i Dyddewi, wedi iddo fentro'r fordaith o orllewin Lloegr i Borth Clais. Beth oedd ei amcan? 'Gweddïo trwy bererindod,' meddai *Brut y Tywysogion*. Ond dywed yr *Anglo-Saxon Chronicle* iddo ddod i Gymru gyda milwyr, a'u bod wedi rhyddhau llawer o garcharorion – pwy bynnag oedd y rheiny. Beth bynnag, gwyddom fod Sulien a'i glerigwyr wedi croesawu'r brenin ym Mhorth Clais. Ond diau y gwyddai Gwilym fod Rhys ap Tewdwr yn y cyffiniau: roedd y brenin yn barod i gydnabod rheolaeth Rhys yn Neheubarth, ac yntau'n cydnabod arglwyddiaeth brenin Lloegr drosto.

Er mwyn diolch i Sulien am ei gymorth, rhoes Rhys ap Tewdwr holl gantref Pebidiog (Dewisland heddiw) yn eiddo i Dyddewi – y rhodd unigol fwyaf helaeth a gafodd unrhyw un o esgobaethau Cymru erioed o bosibl. Ni allai ddisgwyl y fath haelioni gan Wilym, a buasai'n ofer i Sulien wneud cais i'r brenin dderbyn unrhyw gais iddo gael ei gydnabod fel archesgob Cymru. Ni fyddai Gwilym wedi gwrando am eiliad ar unrhyw gais o'r fath. Ond cafodd Tyddewi gadw ei statws a'i breintiau heb eu newid am genhedlaeth arall.

Enciliodd Sulien i Lanbadarn yn 1085, a dewiswyd Cymro gydag enw Seisnigaidd, Wilffrid, yn esgob Tyddewi yn ei le – diolch efallai i ddylanwad Rhys ap Tewdwr, brenin Deheubarth. Bu farw Sulien yn 1091, a chofnodwyd hynny yn *Brut y Tywysogion*, gan Rygyfarch ei hun efallai:

Ac yna bu farw Sulien, esgob Mynyw, y doethaf o'r Brythoniaid ac ardderchog o grefyddus fuchedd, wedi clodforusaf dysgedigaeth ei ddisgyblion a chraffaf ddysg i'w blwyfau, y pedwar ugeinfed flwyddyn o'i oes… Nos Galan Ionawr.

Ddwy flynedd yn ddiweddarach lladdwyd Rhys ap Tewdwr gan y Normaniaid, a syrthiodd Deheubarth yn ysglyfaeth iddynt. Deallodd Rhygyfarch, mae'n rhaid, fod statws a chwlt nawddsant Tyddewi mewn perygl. Efallai yn ystod oes ei dad, Sulien, efallai wedi ei farwolaeth, aeth yntau ati i gyfansoddi ei gampwaith Lladin, *Vita Sancti David*, sef 'Buchedd Dewi'. Pam?

Roedd Rhygyfarch yn byw mewn oes pan nad oedd angen profion a defodau ffurfiol i gyhoeddi bod dyn neu ddynes yn 'sant'. Yn ystod canrifoedd cyntaf Cristnogaeth, dim ond yr apostolion a'r merthyron cynnar oedd yn cael eu cydnabod yn seintiau, a hynny trwy'r farn gyhoeddus a chof gwlad: doedd biwrocratiaeth Rhufain ddim yn bod. Wrth i'r amser fynd heibio, roedd dynion a merched eraill yn ennill clod, naill ai trwy ferthyrdod neu oherwydd purdeb eu bywyd a'u gwaith yn iacháu ac yn dysgu. Hyd yn oed os nad oeddent yn adnabyddus y tu allan i ardal gyfyng, byddai pobl yn cofio amdanyn nhw fel arwyr y ffydd. Byddai pobl hefyd yn cysylltu eu henwau â ffynhonnau dŵr, ac yn codi croesau a seintwarau ar ymyl ffyrdd y wlad. Gallai sant hefyd fod yn noddwr sefydliad megis ysbyty, urdd gweithwyr – neu wlad gyfan.

Yng Nghymru rhwng 450 a 800 OC daeth lliaws o ddynion, a nifer o ferched, i gael eu derbyn yn seintiau yn eu hardaloedd eu hunain. Roedd llawer o'r seintiau hyn yn gysylltiedig ag un man yn unig, ond daeth eraill yn adnabyddus dros ardaloedd mwy helaeth: Teilo, Beuno, Cadog, Dyfrig, Illtyd, Padarn, Tysilio ac, wrth gwrs, Dewi.

Credai rhai ysgolheigion gynt fod Dewi wedi cael ei gydnabod yn ffurfiol – ei ganoneiddio – fel sant gan y Fatican, ond dyw hynny ddim yn wir. Mae'n debyg bod y Pab Calixtus II, tua 1123, wedi rhoi ei fendith ar Dyddewi fel man pererindota, ac felly'n cydnabod pwysigrwydd Dewi, ond nid oes unrhyw gofnod o Ddewi'n cael ei ganoneiddio'n ffurfiol. Doedd y werin bobl ddim yn poeni beth ddywedai awdurdodau eglwysig pellennig am eu harwyr, ac mae Dewi wedi cael parch gan yr Eglwys Gymreig a'r tu hwnt hyd heddiw.

Dechreuwyd ysgrifennu hanesion am seintiau amlwg. Dyn o'r enw Sulpicius Severus oedd y cyntaf i ysgrifennu *vita* neu 'fuchedd' sant. Roedd yn byw rhwng tua 363 a 425: bu'n gyfaill i Martin Sant, esgob dinas Tours. Bu farw Martin yn 397, a phenderfynodd Sulpicius ysgrifennu amdano. Daeth y llyfr yn fodel i filoedd o fucheddau felly, yn dathlu rhinweddau dynion a merched oedd yn cael eu hystyried yn 'seintiau' gan y bobl yn gyffredinol. Ac ymhlith efelychwyr Sulpicius roedd Rhygyfarch, y Cymro cyntaf i gyfansoddi *Vita* – buchedd sant – sydd wedi goroesi.

Dogfen ryfeddol yw'r *Vita*! Pan ddarllenais y testun am y tro cyntaf, roeddwn yn chwilio am 'y ffeithiau' am Ddewi. Oni fyddai'n bosibl – er gwaetha'r holl wyrthiau – i ddod o hyd i rywfaint o hanes go iawn Dewi Sant? Ond wrth fynd dros y gwaith droeon, sylweddolais nad bywgraffiad mohono. Dyw bywgraffiad ddim yn dechrau gyda phroffwydoliaethau, gwyrthiau ac enwau fel 'Sant' a 'Non' sy'n ymddangos fel enwau mewn drama firagl o'r bymthegfed ganrif. Roedd Rhygyfarch yn ysgrifennu yn nhraddodiad y fuchedd, oedd eisoes yn gyfarwydd ar draws Ewrop.

Sail patrwm bucheddau'r seintiau oedd yr Efengylau, a gallwn weld hynny'n glir yn nhestun Rhygyfarch – mae eu dylanwad yn treiddio trwy'r gwaith. Mae'r arwr (Iesu/Dewi) yn destun proffwydoliaethau. Mae gan y ddau ragflaenwyr arbennig (Ioan Fedyddiwr/Padrig). Mae tras brenhinol i'r ddau dad: Joseff yn ddisgynnydd i'r brenin Dafydd, a Sant i Gunedda. Mae'r arwr yn cael ei genhedlu mewn amgylchiadau anghyffredin: un yn ffrwyth y Forwyn Fair, a'r llall yn ganlyniad trais. Mae teyrn maleisus (Herod/y pennaeth dienw) yn awyddus i ladd y baban, ond yn cael ei rwystro.

Fel y mae anghysondebau rhwng y pedair Efengyl, mae anghysondebau yng ngwaith Rhygyfarch hefyd: e.e. dywed fod Dewi wedi sefydlu deuddeg mynachlog, ond dim ond naw a enwir. Mae Dewi'n cael ei ddyrchafu'n archesgob ddwywaith, unwaith yn Jerusalem ac eto yn uchafbwynt Synod Brefi. Gellid 'esgusodi' hynny trwy ddweud bod y dyrchafiad cyntaf yn un personol, a'r ail ar gyfer talaith Prydain, ond pan ddywed eto iddo gael ei urddo'n esgob, mae'n taro'n chwithig: rhaid bod yn esgob *cyn* bod yn archesgob. Ond i Rygyfarch a'i wrandawyr, hollti blew fuasai codi anghysondebau o'r fath. Wedi i Ddewi ddod i oedran dyn, mae'r tebygrwydd yn llai amlwg, ond mae gwyrthiau yn frith trwy'r Efengylau a'r *Vita* fel ei gilydd, a'r ddau'n diweddu gydag esgyniad i'r nefoedd.

Beth sydd i'w ddweud am wyrthiau Dewi Sant? Heddiw mae'r syniad o wyrthiau goruwchnaturiol yn faen tramgwydd i lawer. Ond i gredinwyr, roedd (ac y mae) gwyrthiau'n dystiolaeth o rym ysbrydol Iesu a'i Apostolion. Roedd yn naturiol felly credu bod eu dilynwyr amlycaf – y seintiau – yn medru cyflawni gwyrthiau hefyd.

Yn debyg i Iesu, felly, mae Dewi'n iacháu dynion dall ac yn codi Magna, mab y weddw, o farw i fyw. Fel Moses a'r proffwydi, mae'n medru creu ffynhonnau dŵr. Mae'n gorchymyn cloch Maedóc i ddychwelyd ato yn Iwerddon, ac mae'n cyrraedd yr un diwrnod, trwy law angel. Dinistriwyd gelynion Dewi gan dân yn disgyn o'r nefoedd.

Hyd yn oed ym myd y gwyrthiau, mae rhai'n fwy mympwyol na'i gilydd, megis Aidan, disgybl Dewi, yn galw'n ôl yr ychen a syrthiodd dros ddibyn. Yn fwy ffansïol byth, mae'r Gwyddel, Bairre, yn marchogaeth ceffyl Dewi dros y môr ac yn cwrdd â Brendan Sant ar gefn morfil! Hawdd gofyn heddiw sut gallai Rhygyfarch, y fath ddyn deallus, gredu chwedlau tebyg. Ond roedd Rhygyfarch yn perthyn i oes pan oedd credu mewn gwyrthiau yn rhan naturiol o ddiwylliant y byd Cristnogol. Ym myd y bucheddau, roedd allorau o gerrig yn medru nofio ar y môr.

Roedd Rhygyfarch yn cael pleser o drafod y gwyrthiau. Pan hwyliodd Modomnóc, disgybl Dewi, i Iwerddon, roedd haid o wenyn yn ei ddilyn, ond pan oedd yn llawn hiraeth am bresenoldeb Dewi, roedd Modomnóc yn dychwelyd, a'r gwenyn yn ei ddilyn. Mae hyn yn digwydd dair gwaith, nes i'r sant fendithio'r gwenyn, gan ddweud wrthynt am fynd unwaith ac am byth, fel na ddeuai unrhyw wenyn byth yn ôl i'r fynachlog. Mae Rhygyfarch yn ein sicrhau ei fod wedi profi gwirionedd yr hanes, gan ychwanegu rhagor o fanylion anghredadwy. Eto, os oedd Rhygyfarch wedi bod yn Nhyddewi, fel y mae'n rhesymol credu, byddai wedi gweld gwenyn yn gyson!

Yn ogystal â chopïo o'r Beibl, roedd awduron bucheddau'r seintiau yn copïo oddi wrth ei gilydd. Enghraifft ardderchog yw hanes Dewi'n llyncu gwenwyn oedd wedi ei baratoi gan un o'i ddisgyblion ei hun, heb syrthio'n farw. Adroddwyd yr un hanes am sant Cymreig arall, Samson, pan gyfansoddwyd ei hanes gan Lydawr yn ystod y seithfed neu'r wythfed ganrif.

Rhaid deall, er gwaetha'r holl wyrthiau, nad oedd

Rhygyfarch yn cyfansoddi chwedlau tylwyth teg ar gyfer plant. Roedd o ddifrif calon, ac yn disgwyl y byddai gan ei waith ddylanwad eang, a hynny i fwy nag un cyfeiriad. I sefydlu Dewi'n sant o statws cydnabyddedig, rhaid oedd dathlu ei ŵyl yn yr un modd â gwyliau seintiau eraill. Rhaid felly oedd creu testun a fyddai nid yn unig yn dangos i'r byd eglwysig fod Dewi'n haeddu'r fath sylw, ond a fyddai hefyd yn ffynhonnell darlleniadau mewn gwasanaethau ar ddyddgwyl y sant. Cawn weld ym mhennod 6 mor bwysig oedd hyn.

Mae llyfr Rhygyfarch yn unigryw ymhlith bucheddau'r seintiau Cymreig eraill oherwydd y pwyslais neilltuol gan Rygyfarch ar statws Dewi fel archesgob. Roedd yn deall yn iawn beth oedd gwendidau'r Eglwys Gymreig yn ei amser ei hun. Fel yr wyf yn esbonio yn y bennod nesaf, buasai sicrhau statws archesgobaeth i Dyddewi yn gweddnewid yr Eglwys Gymreig, ac yn newid gwleidyddiaeth Cymru ei hun.

*

Rhaid gofyn yn awr o ble cafodd Rhygyfarch ei ddeunydd ar gyfer *Vita Sancti David*. Roedd, wrth gwrs, yn seilio'r cyfan ar ei wybodaeth o'r Beibl, ac o'r traddodiad a gychwynnwyd gan *Buchedd Martin*. Dywed ei hun iddo dyrchu ymhlith 'llawysgrifau hynaf ein gwlad' ac ym mynachlog Dewi, er gwaethaf eu cyflwr oherwydd iddyn nhw gael eu cnoi'n barhaus gan bryfed a'u difetha gan oedran. Gwelsom iddo grybwyll Padrig oherwydd y cofnod yn *Annales Cambriae* a bodolaeth capel Padrig ger y Traeth Mawr.

Y stori unigol bwysicaf yn y *Vita* yn ddiau yw hanes Synod Brefi, sydd yn fwy adnabyddus hyd heddiw nag unrhyw un arall o wyrthiau Dewi. Yn ôl Rhygyfarch, mae pethau'n digwydd fel hyn: cynhelir Synod ar dir gwastad; mae'r dorf yn rhy fawr i siaradwyr gael gwrandawiad; mae Dewi'n cyrraedd a'r bryn yn codi o dan ei draed, fel bod pawb yn ei glywed; mae eglwys ar y bryn heddiw fel petai'n dyst i'r digwyddiad. Ond yn rhesymegol, dyma drefn pethau: mae golwg braidd yn artiffisial ar fryn Llanddewibrefi, a ddewiswyd yn hir cyn oes Rhygyfarch i godi eglwys arno yn enw Dewi. O ystyried natur y bryn, rhaid bod rhywbeth hynod wedi digwydd yma yn gysylltiedig â Dewi, a dyna ddyfeisio hanes i esbonio codiad y bryn. Hynny yw, mae'r bryn yn *achos* y stori, nid yn ganlyniad iddi. Dyna natur chwedlau gwerin sy'n gysylltiedig â nodweddion yn y tirwedd.

Mae hyn yn awgrymu'r posibiliad na fu erioed Synod Brefi na Synod Buddugoliaeth. Yn hytrach, maen nhw'n ddyfeisiadau i brofi awdurdod Dewi mewn diwinyddiaeth, a'i statws fel gwladweinydd eglwysig. Wrth gwrs, roedd synodau eglwysig *yn* digwydd yn y cyfnod cynnar hwn: roedd Synod enwog Whitby yn 664 wedi sicrhau y byddai'r Eglwys yn Lloegr yn dilyn arferion eglwysig Rhufain, nid Iwerddon. Ond nid oes sôn – ar wahân i Rygyfarch – am unrhyw synod yng Nghymru. Pwrpas Senedd Brefi, medd Rhygyfarch, oedd trechu'r heresi Pelagaidd. Ni wyddom am unrhyw duedd yng Nghymru oes Dewi tuag at ffafrio Pelagiaeth. Efallai fod Rhygyfarch, neu rywun o'i flaen, wedi codi'r hanes o'r *Historia Brittonum* am

Germanus o Auxerre yn trechu Pelagiaeth gan mlynedd cyn oes Dewi.

Haen bwysig arall o'r *Vita* yw'r cyfeiriadau at Iwerddon, yn enwedig seintiau o Iwerddon. Mae'n hawdd cynnig mwy nag un rheswm am hynny. Gwyddom fod Sulien wedi treulio blynyddoedd yn Iwerddon, a buasai felly'n gyfarwydd iawn â natur yr Eglwys ac eglwyswyr yno. Yn ei gyfnodau fel esgob Tyddewi buasai mewn cysylltiad â'r ynys, a Rhygyfarch hefyd o ran hynny. Dyna ddigon i esbonio'r straeon yn y *Vita* am ddynion yn mynd yn ôl ac ymlaen i Iwerddon. Dengys y stori am Brendan yn byw ar gefn morfil fod Rhygyfarch yn gyfarwydd â chwedlau gwerin Gwyddelig.

Beth wedyn am y gwrthdrawiad â'r pennaeth lleol Gwyddelig, Baia neu Boia, a'i wraig fileinig? Mae'r hanes yn rhan o batrwm sawl buchedd sant, sef yr unben neu'r brenin sy'n elyniaethus, megis Maelgwn ac Arthur yn hanes Padarn Sant. Mae'n ymddangos bod Rhygyfarch wedi cymryd enw Baia o'r enw lle *Clegyr Fwya* neu *Caer Fwya*, llecyn agos i'r gadeirlan, ond mae esboniad arall yn bosibl, sef bod yr enw wedi cael ei roi i'r llecyn gan rywun oedd yn gyfarwydd â gwaith Rhygyfarch. Mae hanes Baia a'i wraig yn ffuglen foesol, wrth gwrs, er mwyn diddanu'r darllenwyr a gwrandawyr gwrywaidd, gan gynnwys y disgrifiad o stranciau rhywiol y morynion. Buasai hynny'n ategu rhagfarn gyffredinol lliaws o wŷr eglwysig yn erbyn menywod.

Ysywaeth, does dim digon o le i drafod pob agwedd ar waith Rhygyfarch. Mae'n honni, er enghraifft, i Ddewi wneud taith trwy dde Cymru a Lloegr i sefydlu eglwysi a mynachlogydd, heb sôn am y daith i Jerusalem. Mae'r daith i Loegr yn dibynnu ar draddodiadau a ffantasi'n gymysg, a'r daith i Jerusalem yn ddamcaniaethol bosibl ond yn gwbl annhebygol. Ond erys un mater o ddiddordeb: oes unrhyw beth yng ngwaith Rhygyfarch sydd o bosibl yn mynd yn ôl i gyfnod Dewi ei hun? Neu ydy'r straeon oll yn ffuglen, yn ddychymyg, yn gynnyrch hygoeledd?

Ystyriwn y disgrifiad o ddull mynachod Dewi o fyw. Sail y cyfan oedd gwaith caled ar y tir heb gymorth anifeiliaid. Rhaid byw'n dlawd, bwyta'n blaen ac yfed dŵr. Rhaid gweddïo'n gyson ac ymarfer ufudd-dod a hunanaberth. Mae nifer o ysgolheigion yn derbyn bod hwn yn ddisgrifiad, nid yn gymaint o Dyddewi yn amser Rhygyfarch, ond yn mynd yn ôl i oes Dewi. Y dystiolaeth yw bodolaeth llyfr Lladin o'r seithfed neu'r wythfed ganrif o'r enw *Rhai Dyfyniadau o Lyfr Dewi Sant* sy'n annog y fath ddisgyblaeth. Hefyd roedd Gildas, offeiriad o'r chweched ganrif, yn beirniadu'r fath ddisgyblaeth: yn ei farn ef roedd yn rhy eithafol. Ac i brofi ei ddadl, mae'n defnyddio geiriau hynod debyg i eiddo Rhygyfarch, yn condemnio rhai o fynachod ei oes am 'lusgo erydr a phalu'r pridd gyda matogau ac yn gyrru rhawiau i'r pridd yn llawn rhyfyg a balchder'. Dywed Rhygyfarch fod y mynachod 'yn cymryd yr iau ar eu hysgwyddau, yn gwthio rhawiau a lletwadau i'r pridd'. Hyd yn oed yn amser Rhygyfarch ei hun roedd ychydig o fynachod ym Meddgelert ac Ynys Enlli yn dal i fyw bywyd caled iawn, a rhai meudwyaid hefyd, megis Caradog Sant, a gladdwyd yn Nhyddewi. Rhaid cofio hefyd fod Rhygyfarch yn mynnu bod Dewi'n dilyn arfer Antwn Sant o'r Aifft, sylfaenydd mynachaeth. Byddai cynulleidfa Rhygyfarch wedi deall y cyfeiriad yn iawn: deallent fod Dewi wedi mynd at lygad y ffynnon. Mae'n werth sylwi nad oes dim byd tebyg ym mucheddau'r seintiau Cymreig eraill, heblaw *Buchedd Samson*, sy'n ddogfen llawer hŷn na llyfr Rhygyfarch, ac yn waith Llydawr.

*

Yn syth ar ôl llwyddiant Dewi yn yr ail Synod daw uchafbwynt olaf gwaith Rhygyfarch: y disgrifiad o farwolaeth y sant, ac yntau'n 147 oed. Ni raid inni gymryd yr oedran o ddifrif; fel y gwelsom eisoes, dyna oed Jacob y patriarch wrth farw yn ôl Llyfr Genesis. Gwelsom eisoes fod y ffigur yn tarddu o'r hanes am Badrig yn yr *Annales Cambriae*. Mae'r disgrifiad yn fodel o sut y dylai sant farw, sef yr angel yn proffwydo diwrnod diwedd ei rawd ar y ddaear, a Dewi'n croesawu'r newyddion. I'r gwrthwyneb, wrth gwrs, mae pawb arall yn galaru. Ar ôl dathlu'r Offeren am y tro olaf, mae'n annerch y bobl:

> Fy mrodyr, daliwch ati yn y pethau a ddysgasoch gen i, ac a welsoch gen i. Ar Ddydd Mawrth, sef y cyntaf o Fawrth, byddaf yn mynd i ffordd y tadau.

Nid dyna eiriau olaf Dewi yn eu ffurf fwyaf adnabyddus ymhlith Cymry heddiw; cyfieithiad o fersiwn Ladin Rhygyfarch sydd uchod. Mae'r fersiwn boblogaidd yn deillio o'r fuchedd Gymraeg, sef:

Arglwyddi, frodyr a chwiorydd, byddwch lawen, a chedwch
eich ffydd a'ch cred, a gwnewch y pethau bychain a
glywsoch ac a welsoch gennyf fi. A minnau a gerddaf y
ffordd yr aeth ein tadau...

Rhaid cydnabod bod y Gymraeg yn fwy ysbrydoledig
na fersiwn Rhygyfarch – ac yn fwy addas i'r ddau ryw.

Yna, mae'r newyddion yn cyrraedd Cymru ac
Iwerddon oll, a phawb yn eu dagrau. Ond ar y Sul
canlynol mae Dewi'n dathlu'r Offeren ac yn pregethu'n
ardderchog, cyn clafychu'n gyflym. Mae'r bobl yn
llefain ac yn ocheneidio, gan ddymuno i'r ddaear eu
llyncu, neu i dân eu difa neu i'r môr lifo drostynt –
geiriau sy'n ein hatgoffa'n gryf o farwnad Gruffudd ab
yr Ynad Coch i Lywelyn ein Llyw Olaf, sef yr anhrefn
a ddaw gyda diwedd y byd. Ar y diwrnod penodedig,
daeth Crist a'i angylion i dderbyn enaid Dewi i'r nef, a'r
brodyr i gladdu ei gorff yn y fynachlog.

Yn olaf, mewn paragraff mwy personol, mae
Rhygyfarch yn gresynu'n ddigon confensiynol mai
llestr egwan yw ei waith i gyfleu gogoniant ei destun.
Mae'n cyfeirio at ei ffynonellau, 'ysgrifeniadau hynaf
ein gwlad... wedi goroesi dinistr pryfed a difrod y
blynyddoedd'. Gwyddom fod holl lawysgrifau Tyddewi
wedi cael eu dinistrio gan y Diwygwyr. Mae'r gwaith yn
gorffen gydag ach Dewi a thair gweddi addas i ddathlu
offeren y sant.

Erys cwestiwn arall eto: os ydym yn trafod y *Vita
Sancti David*, rhaid gofyn pa destun. Mae dwy fersiwn
ohono mewn gwahanol lawysgrifau, un yn fyrrach o
dipyn na'r llall. Credai'r ysgolhaig eglwysig J. W. James

mai'r testun byr oedd yr un gwreiddiol, a seiliodd argraffiad dylanwadol o'r fuchedd ar y testun hwnnw yn 1967. Ond erbyn hyn mae ysgolheigion o'r farn mai talfyriad yw'r fersiwn fer, a bod y fersiwn hir yn nes at waith gwreiddiol Rhygyfarch. Er mwyn cymhlethu'r mater, cyfansoddodd Gerallt Gymro ei fersiwn Ladin ei hun o fywgraffiad Rhygyfarch, wedi ei seilio'n agos iawn ar y gwreiddiol.

Ysgrifennai Rhygyfarch mewn Lladin, er mwyn i awdurdodau eglwysig o wledydd eraill fedru darllen ei waith. Os oedd Sulien ac arweinwyr eraill yr Eglwys Gymreig i fedru gwrthsefyll holl bwysau'r Normaniaid, rhaid oedd dangos bod etifeddiaeth Gristnogol deilwng eisoes yn bodoli yng Nghymru, ac yn haeddu sylw a pharch. Roedd amryw o weithiau ysgrifenedig Cymru y cyfnod hefyd mewn Lladin, megis *Historia Regum Brittaniae* Sieffre o Fynwy a'r *Leges Wallicae*, sef Cyfreithiau Hywel Dda.

Heblaw'r fersiynau Lladin o'r *Vita*, rhaid cofio bod testun Cymraeg yn bodoli, sef *Hystoria o Uuched Dewi* (hynny yw, 'Historia o Fuchedd Dewi'). Dyna deitl y fersiwn hynaf o'r fuchedd Gymraeg yn *Llyfr Ancr Llanddewibrefi*, a gopïwyd yn 1346. Mae'r llyfr yn cynnwys cyfoeth o destunau crefyddol Cymraeg, ynghyd â *Buchedd Beuno*, prif sant Gwynedd. Nid cyfieithiad gair-am-air yw *Buchedd Dewi*, ond mae'n amlwg bod yr awdur yn dibynnu'n drwm ar waith Rhygyfarch. Mae nifer o gopïau ohono, sy'n dangos mor boblogaidd ydoedd.

*

Bu farw Rhygyfarch heb wybod faint o gynnwrf a achosai ei waith. Rhan o'i amcan yn ddiau oedd dadlau hawl Tyddewi i fod yn sedd archesgob, fel y buasai ar un adeg – yn ei dyb ef. Roedd problemau statws esgobaethol ac archesgobaethol yng Nghymru a Lloegr eisoes yn corddi gwleidyddion eglwysig cyn diwedd yr unfed ganrif ar ddeg. Roedd Tyddewi a Llandaf wedi bod yn brwydro dros diroedd hen esgobaeth Llandeilo Fawr: Tyddewi enillodd. Byddai hefyd broblemau ynghylch y ffin rhwng esgobaethau Tyddewi ac esgobaeth newydd Llanelwy yn ystod y ddeuddegfed ganrif. Diau y gwyddai Rhygyfarch ei hun am y frwydr chwerw rhwng archesgobaeth Efrog a Chaergaint, a gychwynasai yn 1080. Byddai brwydr Tyddewi i ennill statws archesgobaethol yn parhau o 1115 hyd 1203. Trown yn awr at y frwydr honno, sy'n dangos mor fyw oedd presenoldeb Dewi yng Nghymru ganrifoedd ar ôl ei farwolaeth.

4

Brwydr yr Archesgobaeth

Roedd y frwydr dros archesgobaeth i Gymru, a hynny yn Nhyddewi, yn un hynod. Bu pabau, archesgobion Caergaint, brenhinoedd Lloegr, tywysogion Cymreig ac esgobion Tyddewi i gyd yn rhan ohoni. Ond rhaid dechrau trwy geisio deall beth oedd, a beth yw, swydd archesgob. *Swydd*, sylwch, nid urdd. Tair urdd eglwysig sydd: diacon, offeiriad, esgob. Mae yna liaws o *swyddi* eglwysig – deon, archddiacon, rheithor, ficer, curad ac yn y blaen. Dal swydd yw bod yn archesgob. Mae archesgob yn llywyddu dros dalaith, sef nifer o esgobaethau. Yn Eglwys yr Oesoedd Canol, doedd archesgob yn atebol i neb ond y Pab a'i swyddogion uchaf. Tybed beth oedd y drefn yng Nghymru cyn i'r Normaniaid gyrraedd?

Mae'r dystiolaeth, wrth gwrs, yn denau. Does dim dwywaith fod clerigwyr Cymru yn credu'n ddidwyll i Dyddewi fod yn archesgobaeth yn amser Dewi. Credent fod Samson Sant, wrth fynd o Gymru i Lydaw, wedi cymryd y *pallium*, sef y fantell oedd yn dangos bod ei pherchennog yn archesgob, a'i esgobaeth yn archesgobaeth. Roedd rhywfaint o sail i'r stori: roedd Samson yn Gymro, genhedlaeth yn hŷn na Dewi, yn byw rhwng 485 a 565. Roedd wedi mynd i Lydaw, a thyfodd chwedl ei fod wedi sefydlu eglwys gadeiriol Dol-de-Bretagne. Mae'n wir i Dol ddod yn archesgobaeth am gyfnod, ond roedd hynny diolch i ddau o frenhinoedd Llydaw yn y nawfed ganrif, nid i Samson.

Dywed yr *Annales Cambriae* fod Elfoddw, a fu farw yn 809, yn *archepiscopus* (archesgob) Gwynedd. Mae Aser, a ysgrifennodd fywgraffiad y brenin Alfred yn 893, yn dweud bod ei berthynas, Nobis, wedi bod yn 'archesgob' Tyddewi cyn ei yrru oddi yno rywdro cyn 874 gan Hyfaidd, brenin treisgar Dyfed. Mae Aser hefyd yn cael ei ddisgrifio fel 'archesgob Ynys Brydain' – disgrifiad hynod ond heb fod yn agos at unrhyw wirionedd ymarferol. Felly, roedd y Cymry'n gwybod am fodolaeth y teitl. Beth bynnag oedd union ystyr y gair, does dim posibl fod deiliaid y teitl yn ddynion gydag awdurdod dros Gymru oll. Mae'n bosibl, ar y llaw arall, mai swydd gydag awdurdod dros ddyrnaid o esgobion lleol oedd archesgob. Gallai hynny esbonio cryfder traddodiad Tyddewi, gan i'w hesgobion gael awdurdod dros Landeilo Fawr, a fu gynt yn sedd esgob, a hefyd dros y Clas-ar-Wy (Glasbury), lle bu esgobion ar un adeg.

Erbyn amser Rhygyfarch, felly, arhosai cof am y teitl 'archesgob', ond bu gan esgobion Tyddewi ormod o bryderon, megis yr angen i gadw'n fyw, i feddwl am geisio atgyfodi'r teitl. Ond gwelsai Rhygyfarch beth oedd yn digwydd yn Lloegr wedi 1066. O fewn naw mlynedd roedd pob esgob yn Norman heblaw am Wulfstan o Gaerwrangon. Dyna fyddai tynged y tair esgobaeth Gymreig yn y pen draw. Rhaid deall nad rhyw ysgolhaig clerigol yn ysgrifennu yn ei gell dawel oedd Rhygyfarch. Roedd wedi gweld y Normaniaid yn rheibio'u ffordd trwy Geredigion yn 1073 ac 1074, ac eto yn 1094. Condemniodd nhw'n hallt yn ei gerdd Ladin 'Galarnad':

> Mae gair, calon a gweithred Normanaidd
> Yn mathru lleygwyr ac offeiriaid heb wahaniaeth;
> Mae un Norman aflan yn caethiwo cant…
> Fe'n hanafwyd, collfarnwyd, caethiwyd…

Yn wyneb bygythiad y Normaniaid, Rhygyfarch oedd y dyn a daniodd yr ergyd cyntaf ym mrwydr yr archesgobaeth trwy ei bortread o Ddewi, gan fynnu bod Dewi wedi cael ei ddyrchafu'n archesgob gan Batriarch Jerusalem *a* chan dorf Synod Brefi. Mae'n wir nad oedd Sulien, tad Rhygyfarch, wedi hawlio'r statws hwnnw. Ond erbyn dechrau'r ddeuddegfed ganrif, fel y gwelwn yng ngalarnad Rhygyfarch, roedd yr ymdeimlad o genedligrwydd Cymreig wedi cryfhau.

Rhaid symud yn awr i Loegr, oherwydd rhwng 1070 ac 1120 roedd ffrwgwd yno rhwng archesgobion Caergaint ac Efrog. Asgwrn y gynnen oedd awydd archesgobion Caergaint i sicrhau ufudd-dod archesgobion Efrog. Diolch i gefnogaeth y Pab, enillodd Efrog yr achos, yn nannedd gwrthwynebiad Harri I. Serch hynny, roedd maint archesgobaeth Caergaint yn sicrhau rhagoriaeth ei statws.

Roedd y frwydr honno yn ei hanterth pan ddaeth cyfle i'r drefn Normanaidd gael gafael ar esgobaeth Gymreig, sef Bangor. Roedd Huw, iarll Caer, wedi meddiannu Eryri a Môn dros dro yn 1092, pan oedd esgobaeth Bangor yn wag. Llwyddodd yr iarll i sicrhau mai estronwr, Hervé, fyddai'r esgob newydd, wedi ei gysegru gan archesgob Efrog. Ond pan yrrodd Gruffudd ap Cynan y Normaniaid allan o Wynedd yn 1094, bu'n rhaid i Hervé ffoi, a bu'r esgobaeth yn wag am flynyddoedd.

Daeth ail gyfle i Gaergaint yn 1106, pan benododd Anselm y Cymro, Urban, yn esgob Morgannwg (wedyn Llandaf) yn 1106. Digwyddodd y cysegru yng Nghaergaint, a thyngodd Urban lw o ufudd-dod i Anselm a'i olynwyr. Ond y cam mwyaf fyddai sicrhau ufudd-dod Tyddewi.

Olynydd Sulien yn Nhyddewi yn 1085 oedd y Cymro Wilffrid, heb ymyrraeth Normanaidd, gan fod Rhys ap Tewdwr yn dal i reoli Deheubarth. Wilffrid fyddai'r esgob olaf i fod â rhywfaint o annibyniaeth oddi wrth Gaergaint, a chadwodd y swydd am ddeng mlynedd ar hugain. Roedd yn gyfnod llawn helbul. Byth ers marwolaeth Rhys ap Tewdwr yn 1093 bu'r Normaniaid yn gwasgu'n dynn ar diroedd Deheubarth, yn enwedig ym Mhenfro. Bu'n rhaid i Wilffrid gyfaddawdu â Chaergaint i gadw ei le, a phan fu farw yn 1115, penodwyd esgob o Norman, Bernard, yn ei le. Roedd offeiriaid Tyddewi wedi gofyn am benodi Daniel ap Sulien, brawd Rhygyfarch, ond yn ofer.

Addawodd Bernard ufudd-dod i Gaergaint, a dechrau diwygio ei esgobaeth ar y patrwm newydd, gydag archddiaconiaid yn gyfrifol am Ddyfed (Penfro), Deheubarth, Ceredigion a Brycheiniog. Creodd lysoedd i weinyddu cyfraith eglwysig. Roedd offeiriaid Tyddewi bellach yn ganoniaid, yn perthyn i'r capidwl (S. chapter), sef y corff o glerigwyr oedd yn gyfrifol am fanylion gweinyddol ac am y gwasanaethau dyddiol. Ymddiddorodd Bernard yn hanes ei esgobaeth: ef fu'n gyfrifol am gladdu Caradog yn eglwys Tyddewi – roedd presenoldeb sant yn ychwanegu at statws unrhyw eglwys. Ond er gwaethaf sawl ymdrech ar ei ran, ni lwyddodd i gael hyd i weddillion Dewi, a gollwyd wedi anrhaith y Northmyn yn 1089.

Er gwaethaf penodiad Bernard a'i lw o ufudd-dod i Gaergaint, nid aeth breuddwyd Rhygyfarch yn angof. Roedd Bernard yn teithio'n aml, yn enwedig i Lundain, i Ffrainc ac i Rufain. Yn 1119 gofynnodd yn llwyddiannus i'r Pab am gymeradwyaeth i gwlt Dewi, a rhoes hynny hwb mawr i bererindota i Dyddewi. Pan fu farw'r brenin Harri I yn 1135 cymerodd Bernard fantais ar

Eglwys Gadeiriol Tyddewi.

hynny, a'r anarchiaeth yn ei sgil, i ofyn i'r Pab Innocent II am gael ei ddyrchafu'n archesgob. Ymesgusododd am beidio sôn am y mater yn gynharach. Mynnodd ei fod wedi protestio adeg ei gysegriad yn ôl yn 1115 y dylasai gael ei gysegru'n archesgob y dalaith hynaf a blaenaf yn ynys Prydain, ond roedd y brenin wedi ei orfodi i dderbyn ei urddo'n esgob yn unig. Dylai'r Pab ddeall, meddai, fod pobl ei dalaith yn wahanol o ran cenedl, iaith, gwisg, cyfreithiau ac arferion i'r Saeson.

Roedd mater archesgobaeth i Dyddewi yn y gwynt, megis: yn 1136 roedd Sieffre o Fynwy wedi cynhyrchu ei lyfr hynod, *Historia Regum Brittaniae*, sef hanes brenhinoedd Prydain (y rhan fwyaf ohono'n ddychmygol). Haerodd Sieffre mai Caerleon oedd yr eglwys archesgobol gyntaf yn y wlad, ond bod y teitl wedi ei symud gyda Dewi Sant i Dyddewi. Ond i Sieffre, roedd Caerleon, llys Arthur, yn haeddu'r dyrchafiad yn hytrach na Thyddewi.

Mae llythyr i Rufain gan glerigwyr Tyddewi wedi goroesi (os yw'n ddilys), sy'n honni y dylai teitl a braint archesgobol ddod yn ôl i Dyddewi. Mae'r llythyr yn llawn adleisiau o waith Rhygyfarch. Ond oherwydd pob math o ddigwyddiadau anffodus, meddai'r llythyr, roedd breintiau ac eiddo'r eglwys wedi cael eu dwyn. Doedd Tyddewi erioed wedi bod yn israddol i Gaergaint.

Dyw'r llythyr ddim yn crybwyll hanes Dewi Sant na Rhygyfarch wrth eu henwau, ond mae'n dilyn Rhygyfarch yn ei ddisgrifiad o'r ffordd y cafodd Dewi ei gysegru'n archesgob. Mae'n cyfeirio at Badrig yn mynd o'r esgobaeth i genhadu yn Iwerddon, a bod nifer o ddisgyblion Gwyddelig Dewi wedi cael eu gyrru yno i bregethu: dyma ragor o adleisiau o Rygyfarch. Cofiwn hefyd fod Daniel ap Sulien, brawd Rhygyfarch, yn aelod o'r corff clerigol. Dyw enw Bernard ddim ymhlith y rhai a arwyddodd y llythyr, ond rhaid ei fod wedi ei gymeradwyo. Ymhlith ei ymchwil i'r gorffennol, rhaid ei fod wedi darllen llyfr Rhygyfarch a myfyrio arno. Hyd yn oed os nad yw'r llythyr yn ddilys, mae'n amlwg bod Bernard wedi troi'n uchelgeisiol, gyda chefnogaeth ei glerigwyr.

Buasai unrhyw gais i sicrhau statws archesgobaeth i Dyddewi yn dân ar groen arweinwyr Caergaint a brenhinoedd Lloegr fel ei gilydd. Pe cawsai Tyddewi statws archesgobaeth, fe fyddai wedi bod yn archesgobaeth dros Gymru gyfan. Mewn oes pan oedd nerth gwleidyddol yr Eglwys yn hynod o gryf, buasai 'talaith Cymru' wedi bod yn sefydliad gwleidyddol o'r pwys mwyaf, er mor fychan a fyddai o'i chymharu â thalaith Caergaint. Dyw hi ddim yn syndod felly fod Caergaint a brenin Lloegr yn un yn eu gwrthwynebiad.

Roedd bygythiad y Normaniaid i'r hen drefn eglwysig Gymreig yn amlwg – er na fyddai mor llwyr ddinistriol i enw Dewi ag y gellid tybio. Yn 1169 aeth byddin o Normaniaid a dynion o waed cymysg, i gyd o Ddyfed, i Iwerddon â'r esgus o roi'r brenin alltud, Diarmait MacMurrough, yn ôl ar orsedd Leinster. Felly, cychwynasant goncwest Iwerddon. Yn ôl bardd o'r cyfnod, rhyfelgri'r fyddin hon oedd 'Dieu et Saint David'. Hynny yw, roedd arglwyddi Normanaidd Dyfed eisoes wedi dod i weld eu hunain yn Normaniaid Cymreig, a Dewi'n nawddsant iddyn nhw.

Erbyn 1144 roedd Bernard wedi cael cefnogaeth tywysogion Gwynedd, sef Owain Gwynedd a'i frawd Cadwaladr. Roedd y ddau'n ceisio cael gwared ar esgob newydd Bangor, Meurig, am iddo gael ei berswadio i dderbyn awdurdod Theodore o Gaergaint. Dymunai brodyr Gwynedd gael cefnogaeth Bernard, gan gyfaddef eu bod cyn hynny wedi cadw eu hufudd-dod oddi wrth eglwys ac archesgobaeth Dewi. Ond o hyn ymlaen roeddent am foddhau Bernard ymhob dim, a byddent yn dod gydag Anarawd ap Gruffudd (sef arglwydd Deheubarth) i drafod beth ddylid ei wneud i adfer hawl hynafol yr eglwys. Mae cefnogaeth y tywysogion yn ddigon i ddangos mai mater cenedlaethol oedd archesgobaeth Tyddewi, ac nid mater eglwysig yn unig.

Wedi iddo wneud ail gais am yr archesgobaeth i'r Pab newydd Lucius II, cafodd Bernard ateb diplomataidd. Gwelai Lucius fod eglwys Tyddewi wedi dioddef troseddau a cholledion, ond doedd ganddo ddim digon o wybodaeth i benderfynu heb holi rhagor, a derbyn tystiolaeth yr esgob, hynafgwyr y wlad a hen ysgrifeniadau.

Erbyn Mehefin 1147 roedd pab newydd eto, sef Eugenius III. Roedd Theodore o Gaergaint wedi cwyno ynghylch ymddygiad a honiadau Bernard, ac atebodd y Pab ei fod wedi ceryddu Bernard am ei ymddygiad tuag at Theodore. Ond o ran honiadau Bernard am statws Tyddewi, byddai'n cynnal cyfarfod ym mis Hydref y flwyddyn honno i benderfynu'r gwirionedd ynghylch statws a breintiau'r eglwys. Aeth copi o'r llythyr i glerigwyr a phobl Tyddewi. Yn wir, credai'r hanesydd

Seisnig Henry Huntingdon i Bernard ennill ei achos, ond nid gwir hynny. Ymddangosodd Theodore o Gaergaint a Bernard o flaen Eugenius yn Ffrainc i ddadlau eu hachosion. Penderfynwyd bod Bernard wedi colli ei achos o ran ei safle personol, ond bod hawl i'r esgobaeth ddadlau ei hachos eto. Ond daeth hynny i ben am y tro wedi i Bernard farw yn 1148.

Hynodrwydd gyrfa Bernard yw bod Norman a fu'n was ffyddlon ac ufudd i Harri I a'i frenhines wedi cael tröedigaeth i fod yn bybyr o blaid achos ei esgobaeth a'i wlad fabwysiedig. Roedd, wrth gwrs, yn dadlau er ei les ei hun: byddai ei ddyrchafiad i fod yn archesgob wedi bod yn gamp bersonol hynod. Byddai hefyd wedi bod yn hwb aruthrol i Dyddewi – ond yn bennaf oll byddai wedi creu awdurdod canolog yng Nghymru o fath cwbl newydd. Does dim syndod felly fod brenhinoedd ac archesgobion Lloegr yn gwrthwynebu'n chwerw.

Yn sgil marwolaeth Bernard, cafodd clerigwyr Tyddewi eu perswadio i roi enw un o'u plith ymlaen fel esgob nesaf Tyddewi. Hwn oedd David Fitzgerald, archddiacon Ceredigion. Ei fam oedd Nest, ferch Rhys ap Tewdwr; ei dad oedd Gerald de Windsor, un o'r blaenaf o arglwyddi Normanaidd Deheubarth. Roedd yn ewythr i Gerallt Gymro, yn hanner Cymro, hanner Norman, o dras uchel. Roedd felly'n ymgeisydd delfrydol, yn enwedig o safbwynt awdurdodau Lloegr, gan iddo addo i beidio byth â chodi mater yr archesgobaeth. Cadwodd ei addewid hyd ei farw yn 1176.

Er ei dras uchel, doedd David ddim yn gymeriad cryf,

uchelgeisiol fel Bernard, nac mor weithgar chwaith. Cadwodd at un o draddodiadau mwyaf ystyfnig yr Eglwys Gymreig, sef priodi a chenhedlu plant, a hynny heb dynnu dicter Caergaint yn ei ben. Roedd hefyd yn ffafrio ei deulu ei hun wrth drosglwyddo tiroedd esgobaethol a swyddi i berthnasau.

Er hyn oll, doedd gweledigaeth Rhygyfarch ddim wedi marw. Cymerodd David fab ei chwaer Angharad, Gerallt, i'w gartref i'w addysgu. Aeth y dyn ifanc ymlaen i astudio ym Mharis cyn cael ei benodi'n archddiacon Brycheiniog tua 1174 gan ei ewythr. Yn 1176, a David yn dal yn esgob, aeth dirprwyaeth o'r clerigwyr i Lundain i gyfarfod â'r cardinal Hugh o Sant Angelo, cennad y Pab. Eu bwriad oedd protestio hawl Tyddewi i statws archesgobaethol. Ond sathrodd y brenin Harri II ar y cais yn syth: ni fyddai byth, meddai, yn caniatáu'r fath beth. O fewn dau fis i'r cyfarfod yn Llundain bu farw'r esgob David.

Dyma'r adeg i gydnabod faint o'n gwybodaeth am helyntion Tyddewi sy'n dibynnu ar waith Gerallt Gymro. Erbyn diwedd ei oes roedd wedi profi'n un o awduron mwyaf toreithiog Ewrop. Mae'n cael ei gofio yng Nghymru a'r tu hwnt hyd heddiw am ei ddau lyfr gwych, *Y Daith trwy Gymru* a'r *Disgrifiad o Gymru*. Ond dim ond dau o blith y toreth o'i weithiau yw'r rheiny, gan gynnwys hunangofiant, fersiwn o *Vita* Rhygyfarch a bucheddau pedwar sant arall, hanes helyntion esgobaeth Mynyw, ymosodiadau ar ei elynion personol ac ar urddau'r mynachod, ac ymlaen.

Does dim gwadu myfiaeth gwaith Gerallt: efe yw ei arwr personol o flaen neb arall. Weithiau mae'n cyflwyno ei hunan fel Eingl-Norman, dro arall bydd yn llawn cydymdeimlad â'r Cymry. Roedd yn hallt ei farn am wendidau'r esgob Bernard, yn enwedig am iddo drosglwyddo llawer o diroedd yr esgobaeth i leygwyr. Roedd ei ewythr David yn euog o'r un gwendidau, ond ni feirniadodd David i'r un graddau: nes penelin na garddwrn.

Rhaid dibynnu ar Gerallt am lawer o wybodaeth, gan gynnwys llythyrau niferus, sydd wrth gwrs yn dystiolaeth o'i uchelgais i fod yn esgob Tyddewi. Ar y llaw arall, mae'n barod i ddyfynnu llythyrau gelyniaethus ato'i hun er mwyn eu hateb. Rhaid cofio hefyd iddo wrthod cael ei ddewis yn esgob mewn llefydd eraill er mwyn dilyn yr uchelgais llosg hwnnw.

Yn sgil marwolaeth yr esgob David yn 1176, enwodd clerigwyr Tyddewi Gerallt yn olynydd iddo. O leiaf, dyna beth ddywed Gerallt; rhaid derbyn y frawddeg nesaf gyda phinsiad da o halen. Dywed fod archesgob Caergaint ac esgobion Lloegr hefyd yn ei gefnogi. Mae'n deg cydnabod ei fod yn ymgeisydd teilwng: doedd dim dwywaith am ei egni, am selogrwydd ei ffydd a'i allu meddyliol. Er ei fod yn ifanc, roedd ganddo brofiad gweinyddol. Mae Gerallt ei hun yn rhoi'r bai am ei fethiant yn gyfan gwbl ar y brenin Harri II. Yn nhyb y brenin, ni ddylid gosod Gerallt yn esgob Mynyw, 'am ei fod o deulu Rhys ap Gruffudd, tywysog de Cymru, a bron y cyfan o wŷr mawr eraill Cymru; byddai'r penodiad yn rhoi nerth newydd i'r Cymry'. Y canlyniad oedd i'r brenin ddewis mynach o Much Wenlock, Peter Lee, yn esgob newydd Tyddewi, ar yr un amod â David o'i flaen, sef derbyn awdurdod

Caergaint yn llwyr. Cadwodd Peter y swydd hyd ei farw yn 1198, ac yn 1182 dechreuodd adeiladu corff eglwys Tyddewi yn y modd mwyaf ysblennydd.

Er i'r Arglwydd Rhys ail-greu teyrnas Deheubarth yn ystod y cyfnod hwn, doedd ganddo mo'r un dylanwad yn Nhyddewi ag oedd gan Owain Gwynedd ym Mangor. Ymhlith tasgau'r esgob Peter roedd esgymuno Rhys oherwydd diffyg parch ei feibion afreolus tuag ato fel esgob. Cafodd corff yr hen ryfelwr ei chwipio fel penyd cyn iddo gael ei gladdu yn yr eglwys fawr newydd. Dau arall o deulu Rhys a gladdwyd yn Nhyddewi oedd ei feibion Maredudd, archddiacon Ceredigion (m. 1227), a Rhys Gryg (m. 1233). Ond roedd gweddill llinach niferus Rhys wedi dewis Ystrad Fflur yn fynwent. Roedd teyrngarwch yr abadau i deulu mawr Deheubarth yn gadarn.

*

Llyncodd Gerallt ei siom; treuliodd gyfnod ym Mharis yn darlithio, ac yn 1183 aeth i Iwerddon gyda'r tywysog John, arglwydd Iwerddon. Yn 1188 hebryngodd Baldwyn, archesgob Caergaint, o gwmpas Cymru. Roedd Baldwyn yn mynnu dathlu'r Offeren ym mhob un o'r eglwysi cadeiriol Cymreig, ac felly'n dangos ei awdurdod drostynt. Treuliodd Gerallt y ddegawd nesaf yn Lloegr, nes y daeth ei gyfle eto yn 1198. Bu farw Peter, esgob Tyddewi, a'r clerigwyr unwaith eto'n rhoi enw Gerallt ymlaen fel olynydd iddo.

Roedd y frwydr olaf hon yn un chwerw. Roedd marwolaeth y brenin Rhisiart yn 1199 yn cymhlethu pethau, ond roedd fel petai'n gyfle olaf i Gerallt, gan iddo fod yn agos at y brenin newydd, John, yn ystod ei amser yn Iwerddon. Ond roedd Caergaint mor ystyfnig ag erioed. Dair gwaith yn ystod y blynyddoedd 1198–1203 teithiodd Gerallt y ffordd hir a pheryglus i Rufain i ddadlau ei achos o flaen y Pab Innocent III. Roedd fel petai hwnnw'n ffafrio Gerallt, a oedd hefyd yn mwynhau cefnogaeth Llywelyn Fawr a nifer o arglwyddi Cymreig eraill. Ond erbyn 1203 roedd cefnogaeth clerigwyr Tyddewi wedi pylu, a meddwl y brenin John wedi ei wenwyno yn erbyn Gerallt. Cyn diwedd y flwyddyn roedd Sieffre, prior Llanhonddu yng Ngwent, wedi ei gysegru'n esgob Tyddewi. Pan fu hwnnw farw yn 1214, gwrthododd Gerallt ymgais clerigwyr Tyddewi i'w enwi am y trydydd tro. Ac yntau'n hen ŵr, gwyddai'n iawn nad oedd gobaith parhau, ond doedd hynny ddim yn ei rwystro rhag ymosod yn chwyrn ar yr 'archladron' yn Nhyddewi oedd wedi bod yn gymaint o siom iddo. Cafodd gysur o'r ffaith fod Llywelyn Fawr, un o'i gefnogwyr gynt, wedi mynnu bod Cymro'n cael ei benodi. Roedd y brenin John, yng nghanol ei drafferthion gyda'r barwniaid, wedi gorfod ildio ar y pwynt hwnnw, a phenodwyd Iorwerth, abad Talyllychau, yn esgob.

Felly, gyda marwolaeth Gerallt, dros gan mlynedd wedi marwolaeth Rhygyfarch, i bob pwrpas y bu farw'r freuddwyd o weld Tyddewi yn adennill statws archesgobaeth. Bu rhyw stwyrian y lludw yn 1284. Yr esgob yr adeg honno oedd Thomas Bec, sylfaenydd coleg offeiriaid Llanddewibrefi. Pan aeth Edward I o gwmpas Cymru yn sgil ei goncwest, daeth archesgob

Caergaint, John Pecham, hefyd. Ceisiodd Bec fynnu na ddylai Pecham ddod i Dyddewi, oherwydd statws metropolitaidd yr esgobaeth, ond bygythiodd Pecham esgymuno Bec, ac ildiodd hwnnw.

Un o'r pwysicaf o esgobion Tyddewi oedd Henry de Gower (?1278–1347). Roedd yn barod i anrhydeddu Dewi fel un a fu'n archesgob pan sefydlodd ysbyty yn Abertawe yn enw'r sant yn 1332. Ysywaeth, syrthiodd y lle'n ysglyfaeth i'r Diwygwyr yn 1549. Gwnaeth Gower fwy na neb, heblaw Peter Lee, i anrhydeddu'r sant a'i seintwar wrth adeiladu capel Mair, y sgrin odidog a neuadd wych palas yr esgob. Ond er yr holl anrhydedd a dalodd Gower i Ddewi, nid oedd am atgyfodi hen ddadl yr archesgobaeth. Daeth y mater yn fyw eto am amrantiad yn nychymyg Owain Glyndŵr, a'i weledigaeth o Gymru Fawr yn ymestyn hyd Gaerwrangon a'r Eglwys Gymreig yn archesgobaeth annibynnol. Ond nid cyn 1920 yr oedd modd cyfeirio at 'archesgob Cymru', sef A. G. Edwards, a oedd yn digwydd bod yn esgob Llanelwy – esgobaeth nad oedd yn bodoli adeg Rhygyfarch. Roedd Edwards wedi ymladd yn ffyrnig yn erbyn datgysylltiad yr Eglwys, cyn ildio i swyn Lloyd George.

Rhaid i hanesydd fod yn ofalus cyn gofyn cwestiwn megis 'Beth petai Gerallt wedi cael bod yn esgob Tyddewi?' Ni fyddai wedi llwyddo mewn unrhyw ymgais i godi statws Tyddewi a bod yn archesgob, yn wyneb gelyniaeth y Goron a'r Eglwys yn Lloegr. Diau hefyd y byddai Gerallt mor brysur fel na fyddai wedi llwyddo i ysgrifennu'r holl lyfrau a adawodd ar ei ôl, sydd wedi sicrhau ei fod yn un o awduron mawr Ewrop yr Oesoedd Canol. Ymhlith y toreth o waith, mae ei fersiwn o hanes Dewi yn ddiddorol ond ymddengys nad yw o bwys mawr, oherwydd copïo Rhygyfarch a wnaeth i raddau helaeth. Eto, hyd yn oed wrth gopïo, fe lwyddodd i ddangos ei ddiddordeb mewn enwau llefydd, yn ogystal â dangos *pietas* i'w arwr arall, Dewi Sant.

Capel Non, nid nepell o Dyddewi – adfail o'r Oesoedd Canol, gyda Ffynnon Non gerllaw.

5

Cyfoeth Dewi a'r Pererinion

Mae'n teimlo'n chwithig cyfeirio at 'gyfoeth' Dewi os ydym yn siarad yn nhermau cyfoeth y byd hwn. Dyn tlawd oedd Dewi, a thlodi'n ddelfryd ac yn drysor ysbrydol iddo a'i ddilynwyr. Roedd byw heb eiddo personol yn rhan sylfaenol o'i ddysgeidiaeth. Felly y dymunasai'r Apostolion fyw, a mynachod yr Aifft, a Sant Bened, sylfaenydd yr urdd fynachaidd gyntaf yng ngorllewin Ewrop.

Eto, roedd yn rhaid i'r mynachod gael tir i sefydlu eu cymuned; rhaid oedd i'r tiroedd hynny fod yn rhoddion gan y brenhinoedd, y tywysogion a'r penaethiaid oedd wedi eu meddiannu yn y lle cyntaf. Yn naturiol, fe fyddai'r noddwyr yn disgwyl gwasanaeth yn gyfnewid am eu rhoddion. Gellir rhannu'r gwasanaethau hyn yn ddau fath: ysbrydol a bydol. Byddai'r rhoddwr yn disgwyl i'r mynachod weddïo drosto a'i deulu, a'r amcan oedd eu harbed rhag poenau ofnadwy Purdan. Pan ddeuai diwedd oes, gallai'r tywysog ymddeol i'w hoff fynachlog i farw yn nillad mynach, yn sawr sancteiddrwydd. Ond disgwyliai'r noddwr gael cydweithrediad seciwlar hefyd. Erbyn 1300 byddai mynachod yn gweithredu fel clercod a chroniclwyr, a'r abadau'n genhadon. Byddent yn cynorthwyo i warchod trysorau. Ond does dim tystiolaeth o'r math yna o wasanaethau seciwlar yn oes Dewi.

Nid tiroedd oedd yr unig roddion a bentyrrwyd ar fynachlogydd ac eglwysi. Roedd angen arian i estyn adeiladau a'u haddurno, a chreiriau i'w gosod mewn creirfa. Roedd hefyd angen aur a thlysau i addurno pob creirfa. Er bod 99 y cant o'r trysorau a fu yn eglwysi a mynachlogydd Cymru wedi hen ddiflannu, mae Peter Lord wedi dangos bod digon yn weddill i roi rhyw lun o syniad i ni o'r cyfoeth a gollwyd: cerrig beddau alabastr fel ym Mhenmynydd, cerfiadau coed megis Jesse'r Fenni, peintiadau Llandeilo Tal-y-bont, llawysgrifau megis Sallwyr Rhygyfarch, ffenestri lliw gogledd Cymru, canwyllbrennau Llanarmon-yn-Iâl, croes-allor euraidd eglwys Trefynwy, y brodwaith godidog ar glogyn eglwysig Ynysgynwraidd a'r sgriniau derw sydd i'w gweld o hyd mewn tua pedwar deg o eglwysi Cymreig, er bod eu lliwiau a'u delwau wedi diflannu. Byddai eglwys gadeiriol Tyddewi gynt yn drysorfa o gerfluniau, gemwaith a pheintiadau.

Wrth gwrs, mae'r trysorau Cymreig hyn yn perthyn i gyfnod llawer diweddarach nag Oes y Seintiau, ond gallwn fod yn sicr bod trysorau i'w cael yn y cyfnod rhwng oes Dewi a dyfodiad y Normaniaid. Mae digon o dystiolaeth o Iwerddon ac o gyfandir Ewrop i ddangos mor gyffredin oedd campau celfyddyd o bob math ar draws y byd Cristnogol. Gwelsom i'r Northmyn ddod i Dyddewi i ysbeilio'r lle sawl gwaith, gan gynnwys y seintwar. Beth yn union oedd Torch Cynog, yr oedd yr Arglwydd Rhys wedi ei dwyn a'i chelu yn Ninefwr, tybed?

Yn 1326, yn achos Tyddewi, gwyddom fod tenantiaid yr esgob mewn nifer o lefydd yn gorfod dilyn creiriau Dewi, naill ai wrth fynd i ryfel neu mewn cyfnod o heddwch. Byddai'r creiriau wedi eu cynnwys mewn blychau addurniedig gwerthfawr. Y flwyddyn hon oedd blwyddyn cyfansoddi *Llyfr Du Tyddewi* – llawysgrif sy'n rhestru holl stadau'r esgobaeth. Estynnent o Dyddewi, trwy Benfro a Cheredigion hyd at afon Dyfi yn y gogledd, a ffin Cymru a Lloegr i lawr i afon Wysg, ac o Aberhonddu yn ôl i Abertawe a Bro Gŵyr. Tarddai incwm yr esgob nid yn unig o renti'r tiroedd, ond o ffeiriau, marchnadoedd, melinau a threthi achlysurol niferus.

Creirfa Dewi Sant, cadeirlan Tyddewi.

73

Gallai elwa ar liaws o ddyletswyddau amaethyddol yr oedd yn rhaid i'r tenantiaid eu cyflawni trwy gydol y flwyddyn.

Er gwaethaf manylder *Llyfr Du Tyddewi*, anodd yw deall faint o dir yn union oedd yn eiddo i'r esgobaeth. Roedd tiroedd Ceredigion a Dyffryn Tywi gan mwyaf yn rhan o hen drefn Gymreig y *gwely*, lle roedd y tir yn perthyn i aelodau tylwythau, tra oedd mwyafrif y gweddill yn cael eu dal yn y dull tramor newydd. Mae'r llyfr yn enwi cannoedd o denantiaid, rhai gydag enwau diddorol megis John Cymro, Henry Peacock, Tankard, Iorwerth Crwba, David Coeg, Gwasfihangel, Adda ap Gwasdewi, Isabella Cadno a Cadwgan Telynor. A heblaw am gymhlethdodau'r rhenti a'r dyletswyddau, mae mesuriadau'r tir yn amwys, yn ein rhwystro rhag deall yn union faint o dir ac incwm a ddeuai i goffrau Tyddewi.

Pwy oedd wedi rhoi'r holl diroedd hyn i esgobion Tyddewi? Gwelsom eisoes fod Rhys ap Tewdwr wedi rhoi cwmwd Pebidiog yn gyfan i Dyddewi, i gydnabod cymorth Sulien yn 1081. Ond yn wyneb diflaniad cynifer o ddogfennau, rhaid chwynnu ymhlith hynny o weddillion tameidiog sydd. Mae'n amlwg bod Rhys ap Gruffudd, ei fab Rhys Gryg a'i ŵyr Maelgwn oll yn gyfrifol am roi tiroedd i esgobion Tyddewi. Mae enwau megis Morfa Esgob (Llan-non, Ceredigion) a Fforest yr Esgob yn nwyrain plwyf Llanddewibrefi yn dyst i helaethrwydd y rhoddion hyn.

Ar y llaw arall, roedd Gerallt Gymro yn mynnu bod yr esgobion Bernard a David Fitzgerald wedi rhoi llawer o diroedd yr esgobaeth i arglwyddi Normanaidd Penfro: tiroedd Trallwng ym Mrycheiniog, tiroedd yn

Naugleddau a Phebidiog, a hefyd Ystumllwyniarth rhwng Abertawe a Gŵyr. Yn waeth na hynny, meddai Gerallt, 'Ni wnaeth David unrhyw ymdrech i ailfeddiannu'r tiroedd a gollwyd gynt, ond yn hytrach fe roes hynny oedd yn weddill i blant gwŷr mawr y fro.' Er gwaetha'r colledion hyn, daliai'r esgobaeth i reoli tiroedd go helaeth, ond heb gymhariaeth â chyfoeth esgobaethau Lloegr.

Gwelsom eisoes fod creiriau Dewi wedi cael eu dwyn yn 1090, a bod yr esgob Bernard wedi chwilio'n ofer am fan claddu corff y sant. Ond rywdro yn ystod y cyfnod 1260–75 roedd John de Gamages, pennaeth priordy Ewenni ym Morgannwg, wedi cael breuddwyd. Gwelsai'r lle y claddwyd corff Dewi, wedi iddo fod ar goll ers canrif a hanner. Rhyfedd bod Sais ym Morgannwg wedi cael y fath freuddwyd, er diau y buasai'n gwybod bod yr esgyrn enwog wedi diflannu. Gwyddai hefyd fod gan esgobaeth Tyddewi ddau ddarn o dir a 'enillwyd' gan Dyddewi oddi wrth abaty Caerloyw, a hwnnw'n berchennog eglwys Ewenni – sef eglwys John de Gamages, wrth gwrs. Gallwn ddyfalu bod John yn gobeithio cael y tiroedd hynny'n ôl yn gyfnewid am yr esgyrn. Y canlyniad oedd i Tomos y Cymro, esgob Tyddewi, ddechrau adeiladu seintwar i gynnwys yr esgyrn 'colledig' yn 1275. Daeth Edward I i Dyddewi yn 1295, a chymryd oddi yno benglog y sant, ac roedd braich y sant yn dal ym meddiant Edward pan fu farw. Bu gweddill yr esgyrn hyn yn wrthrych pererindod am ganrifoedd. Weithiau fe'u cludid i ardaloedd pell yr esgobaeth er mwyn casglu rhagor o roddion gan y ffyddloniaid.

*

Roedd ffynhonnell arall o gyfoeth heblaw'r tiroedd amaethyddol, sef y pererinion. Gwaetha'r modd, does dim cofnodion o fath yn y byd i ddangos faint o bererinion a ddeuai'n flynyddol i Dyddewi, na chwaith beth oedd y rhoddion a gafwyd ganddyn nhw. Gwyddom fod y brenhinoedd Gwilym, Harri II, Edward I a Rhisiart II bob un wedi rhoi rhoddion i seintwar Dewi, er nad oeddent bob amser yn arbennig o hael. Ond wrth edrych ar waith yr esgobion Peter Lee a Henry de Gower yn codi cymaint o'r eglwys gadeiriol sy'n dal yn weladwy heddiw, a phalas yr esgob, mae'n amlwg bod yr incwm oddi wrth bererinion yn sylweddol iawn. Un canlyniad i enwogrwydd Tyddewi oedd iddi gael ei chynnwys (gyda Chonwy a Chaernarfon) ar y Mappa Mundi yn Henffordd.

Byddai pererinion yn dod i Dyddewi am resymau amrywiol. Yr amcan gwreiddiol fuasai i weddïo ar sant neilltuol mewn lle cysegredig dros eneidiau'r pererin ei hun a'i deulu, byw a marw, er mwyn lleihau poenau Purdan. Mae drama Saesneg o'r unfed ganrif ar bymtheg yn rhestru lliaws o seintiau Ewrop y gallai pererinion ymweld â nhw, gan gynnwys 'Saynt Davys'. Roedd rhai cyrchfannau pererinion yn nodedig am ddelwau'r Grog – sef Crist ar y Groes – megis Caer, Aberhonddu a Llangynwyd. Does dim hanes am ddelw arbennig yn Nhyddewi; y seintwar oedd y lle amlwg, lle gallai'r pererinion gyffwrdd â'r creiriau.

Ymddangosai tirwedd Dewi yn hynod o sanctaidd i'r pererinion. Heblaw am ogoniannau'r eglwys gadeiriol a seintwarau Dewi a Charadog, roedd capeli Justinian, Non, Padrig a Gwrhyd ar gael o fewn dwy filltir.

Creirfa'r Santes Non, Dirinon (gw. pennod 8).

Roedd capeli Dewi a Dywan ar Ynys Dewi, a lliaws o ffynhonnau sanctaidd trwy'r fro. Heblaw am Ddewi a'r seintiau eraill, roedd defosiwn arbennig yn Nhyddewi i'r Forwyn Fair erbyn y bymthegfed ganrif (os nad cyn hynny). Roedd Ffynnon Mair gerllaw Coleg Mair (y Ffreutur bellach), a cheir canu i Fair o Dyddewi gan y beirdd.

Dim ond tameidiau o dystiolaeth sydd ar ôl i ddweud faint a gyfrannai'r pererinion i gronfa Tyddewi. Yn 1490 roedd capeli Justinian, Non a Gwryd wedi derbyn £11 a ddaeth i goffrau'r esgobaeth. Cafwyd £5.15.0 wrth fynd â chreiriau Dewi ar daith i Frycheiniog, Gŵyr a rhannau deheuol yr esgobaeth. Daeth swm tebyg yn

1492 wrth fynd â'r creiriau i Ystrad Tywi, Brycheiniog a de'r esgobaeth. Dywedir bod y casgliadau arian o gapel Padrig mor hael fel nad oedd modd eu cyfrif, dim ond eu mesur.

Mor gadarn a phoblogaidd oedd traddodiad y pererindod i Dyddewi erbyn y bedwaredd ganrif ar ddeg fel y gallai'r beirdd gael hwyl am y ffenomenon. Dyna Ddafydd ap Gwilym yn canu ei gywydd ardderchog 'Pererindod Merch'. Ynddo mae Dafydd yn cogio ei fod wedi marw o serch at ferch wrthnysig o Fôn. Penyd y ferch am 'ladd' y bardd yw gwneud pererindod o Fôn i Dyddewi i geisio maddeuant. Bydd hi'n teithio, medd Dafydd, 'er Non... er Dewi', ac mae'r bardd yn gofyn i'r holl aberoedd a'r afonydd sydd yn rhwystro ei ffordd wneud ei thaith yn esmwyth.

Mae tystiolaeth hyfryd gan Lewys Glyn Cothi yn disgrifio ymweliad ei noddwraig, Edudful ferch Gadwgon, â chapel Non a Thyddewi:

> Edudful Dduwsul a ddaw
> ar Dduw i wir weddïaw;
> bwrw ei phwys yn eglwys Non,
> bwrw ei phen lle bo'r ffynnon,
> drychaf dwylaw yn llawen,
> addoli oll i'r ddelw wen,
> ennyn y cwyr melyn mawr,   [h.y. canhwyllau]
> a'i roi oll ar yr allawr;
> oddyno heibio'dd â hi
> i glos da eglwys Dewi;   [clos = y tir o gwmpas]
> offrymu, cusanu'r sant,
> iddo gŵyr rhudd ac ariant. [cŵyr rhudd = canhwyllau coch]

Dinistriodd y Diwygiad Protestannaidd yr arfer o bererindota i Dyddewi am ganrifoedd. Ymddengys mai dim ond yn yr ugeinfed ganrif yr ailddechreuwyd y traddodiad. Yn 1926, ac eto yn 1928, daeth aelodau Cymdeithas Dewi Sant, Llanbedr Pont Steffan, ar bererindod i Dyddewi. Heddiw mae degau o filoedd yn ymweld â chadeirlan Tyddewi, ond ychydig ohonyn nhw sy'n bererinion yn ystyr draddodiadol y gair.

Nodyn: Ffynhonnau Dewi

Dyw gofod ddim yn caniatáu mwy nag ychydig eiriau am ffynhonnau sy'n dwyn enw Dewi Sant, er y byddent oll yn wrthrych pererinion lleol ar un adeg. Yn 1954 ceisiodd Francis Jones wneud arolwg o holl ffynhonnau sanctaidd Cymru, a'r cyfanswm oedd 437, a nifer ohonyn nhw yn dwyn enwau seintiau unigol. Yn ôl Francis Jones roedd 32 o ffynhonnau Dewi, i gyd yn

ne Cymru, ac 18 ohonyn nhw yn Sir Benfro. Mae'r cyfanswm yna yn fwy o lawer na ffynhonnau unrhyw sant Cymreig arall.

Roedd y cyfanswm hwnnw o 437 o ffynhonnau yn ei gwneud hi'n amhosibl i un dyn ymweld â phob

Ffynnon Divy, Dirinon.

un: bu'n rhaid gwneud llawer o'r ymchwil trwy lyfrau a mapiau. Roedd Jones yn cydnabod bod rhai wedi diflannu erbyn amser ei astudiaeth, ac mae llawer wedi diflannu ers hynny oherwydd gwaith adeiladu, helaethu ffyrdd a difaterwch lleol. O'r ffynhonnau y gwn i amdanynt, does yr un ohonyn nhw i'w cymharu â Ffynnon Divy ger Dirinon, Llydaw (gw. pennod 8) neu ffynnon Dewi yn Oylegate, Swydd Wexford yn Iwerddon.

6

Lle Dewi yn Addoliad yr Eglwys hyd 1560

Sut byddai Dewi a'i frodyr wedi addoli Duw yn eu mynachlog? Er nad oes gyda ni lawysgrifau Cymreig perthnasol o'r cyfnod cynnar, mae modd bod yn sicr o'r hanfodion. Ers canrifoedd cyntaf Cristnogaeth, roedd yr Offeren yn ganolog i addoliad Cristnogol. Roedd gwasanaethau'r Eglwys gynnar yn Jerusalem, Antioch, Rhufain ac Alecsandria wedi cadw gorchymyn Iesu i fendithio bara a gwin a'u rhannu rhwng y credinwyr.

Byddai'r gwasanaethau hyn, mewn Groeg ac Aramaeg, mamiaith Iesu, ar y dechrau, wedi cadw elfennau o addoliad y Deml, yn enwedig llafarganu'r salmau. Datblygodd Lladin hefyd yn iaith addoliad o'r dyddiau cynnar, gyda chyfieithiadau o destunau'r Offeren a'r Beibl yn cael eu lledaenu trwy Gâl i Brydain. Byddai Dewi, fel pob esgob, abad ac offeiriad, yn defnyddio llawysgrifau Lladin pwrpasol ar gyfer addoliad dyddiol yn ei eglwys. Roedd y bywyd mynachaidd a gysylltir ag enw Dewi yn golygu bod gwaith a gweddi'n un. Mae Rhygyfarch yn cyfeirio at y mynachod yn canu salmau.

Mewn eglwysi cadeiriol a mynachlogydd ar draws Ewrop, byddai cymunedau o glerigwyr neu fynachod yn cynnal cylch dyddiol o wasanaethau, yn ogystal â'r Offeren. Ysbrydoliaeth y drefn hon oedd adnod o Salm 119: 'Seithwaith yn y dydd yr ydwyf yn dy glodfori, oherwydd dy gyfiawn farnedigaethau.' Dan Reol Urdd Sant Bened a luniwyd yn ystod y seithfed ganrif, sefydlwyd trefn ffurfiol o wasanaethau ar gyfer oriau'r dydd a'r nos, sef *Pylgain* [sic], *Dewaint, Anterth, Nawn, Echwydd, Gosber, Ucher*. Roedd Dewi wedi marw cyn i'r drefn hon ffurfioli, ond buasai Rhygyfarch yn gyfarwydd â hi.

Gyda threigl amser wedi marwolaeth Dewi, byddai offeiriaid mewn eglwysi yn ne Cymru, a rhai yn Iwerddon, yn enwi Dewi'n gyson yn eu gwasanaethau plwyfol, a rhoddent sylw arbennig iddo ar Fawrth y 1af. Byddai ei enw wedi cael ei gynnwys yn yr Offeren gyda seintiau eraill. Pwrpas cynnwys enwau seintiau oedd erfyn arnyn nhw i eiriol yn y nefoedd o flaen Duw, i ofyn am fendith a maddeuant i'r gynulleidfa.

Ar Fawrth y 1af, mewn unrhyw eglwys a gysegrwyd i Ddewi, ac mewn nifer cynyddol o eglwysi eraill, byddai'r Offeren yn cynnwys gweddïau penodol, sef y tair gweddi sydd yn dilyn *Vita David* Rhygyfarch mewn nifer sylweddol o'r llawysgrifau. Dyna'r Colect, y Weddi Gyfrin a'r Weddi Ôl-Gymun. Er na wyddom pryd y cyfansoddwyd y gweddïau hyn, rhaid eu bod mewn bodolaeth cyn 1100.

Câi Dewi sylw arbennig yn archesgobaeth Caergaint ac yn yr Alban ac Iwerddon. O 1050 ymlaen roedd Mawrth y 1af yn ddiwrnod arbennig yn Iwerddon i 'Ddewi Sant, archesgob Prydain'. Ceir ei enw mewn nifer cynyddol o lyfrau gweddi yng Nghymru,

Iwerddon a rhai eglwysi yng ngorllewin Lloegr. Yn 1398 gorchmynnwyd bod Dydd Gŵyl Ddewi yn ŵyl o bwys trwy archesgobaeth Caergaint.

Felly, byddai Dewi'n cael sylw arbennig unwaith y flwyddyn yn y cylch addoliad, gyda chyfresi o ddarlleniadau, gweddïau a siantiau ar gyfer y saith gwasanaeth, a thestunau ar gyfer yr Offeren. Mae modd gwybod hyn er bod holl lyfrau hynafol Tyddewi wedi cael eu dinistrio, rhai yn 1538 gan Barlow a rhagor yn 1550, 1568 ac 1571. Yn yr achos olaf, roedd Elis ap Hywel, y clochydd, wedi ceisio cuddio 'masse books, hympnalls, Grailes, Antiphoners and suchlike', ond fe'u rhwygwyd yn ddarnau o flaen ei wyneb. Roedd yr un math o fandaliaeth yn digwydd ar draws Prydain.

Serch hynny, erys ychydig o lawysgrifau i roi syniad da i ni am drefn y gwasanaethau sy'n crybwyll Dewi. Daeth yr un pwysicaf i'r golwg mor ddiweddar ag 1969, pan werthodd Sotheby's lawysgrif hynod bwysig i'r Llyfrgell Genedlaethol. Ei henw Saesneg yw *The Penpont Antiphonal*, a bu'n anghofiedig ym mhlasdy Pen-pont o fewn Parc Cenedlaethol Bannau Brycheiniog. Ystyr y gair *antiphonal* yw llyfr yn cynnwys siantiau a thestunau ar gyfer côr dwbl. Ysgrifennwyd y llawysgrif yn ystod y bedwaredd ganrif ar ddeg, a hynny yn esgobaeth Tyddewi.

Mae'r gyfrol hon yn un o drysorau mwyaf y Llyfrgell Genedlaethol. Mae'n unigryw oherwydd mae'n cadw nid yn unig y gweddïau a'r darlleniadau ar gyfer Gŵyl Ddewi, ond hefyd y gerddoriaeth, sy'n gynnyrch y drydedd ganrif ar ddeg. O'r lliaws o lyfrau oedd ar gael yn holl eglwysi Cymru a Lloegr yr Oesoedd Canol, dim

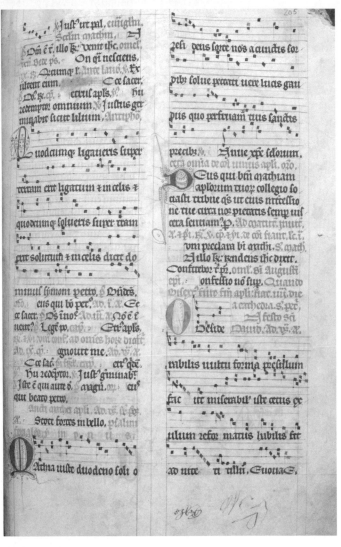

Antiphonal Pen-pont.

© Trwy garedigrwydd Llyfrgell Genedlaethol Cymru

84

ond rhyw ugain sydd wedi goroesi, a dyma'r unig un o Gymru.

Y *Temporale* yw rhan gynta'r *Antiphonal*, sy'n cynnwys gwasanaethau ar gyfer y flwyddyn eglwysig, o'r Nadolig ymlaen. Mae'r ail ran, y *Sanctorale*, yn cynnwys gwasanaethau ar gyfer y prif seintiau yn nhrefn y flwyddyn, gan ddechrau ar gychwyn Adfent gyda Sant Andreas a gorffen gyda Santes Catrin o Alecsandria ar Dachwedd y 25ain. Dewi yw'r unig sant o'r ynysoedd hyn sydd â'i ŵyl ei hun yn y gyfrol. Mae enwau nifer o seintiau'n ymddangos ar eu dyddiau gŵyl eu hunain, megis Swithin, y brenin Edmwnd a Thomos o Gaergaint. Ond Dewi yw'r unig un y mae darlleniadau wedi eu gosod ar gyfer ei ŵyl.

Mae testun Lladin y gwasanaethau ar gyfer Gŵyl Ddewi yn blethiad o'r Beibl, o weddïau priodol ac o gyfeiriadau at ddigwyddiadau yn hanes y sant, yn arbennig ei wyrthiau, ei ddull o fyw a'i fuddugoliaeth dros heresi Pelagius. Nid wyf i'n gymwys i ddweud unrhyw beth am y gerddoriaeth ond mae'r Athro Owain Tudor Edwards, sydd wedi cyhoeddi astudiaeth o'r *Antiphonal*, o'r farn fod y gerddoriaeth gan mlynedd yn hŷn na'r llawysgrif ei hunan. Ni wyddom pwy oedd y cyfansoddwr, na chwaith enw'r bardd a luniodd y testunau Lladin. Ond mae'r *Antiphonal* yn dangos bod y cylch addoliad Catholig cyflawn yn cael ei berfformio yng Nghymru. Gallwn fod yn sicr nad yn esgobaeth Tyddewi'n unig y byddai hynny'n digwydd.

Mae llawysgrifau eraill yn cynnwys gweddïau a darlleniadau priodol i Ŵyl Ddewi: mae un neilltuol o bwysig yn Llyfrgell Genedlaethol Ffrainc ym Mharis, sy'n cynnwys lluniau bychain – un ohonyn nhw'n dangos Dewi Sant, eraill yn dangos golygfeydd o waith Rhygyfarch, gan gynnwys Gildas yn methu pregethu oherwydd presenoldeb Non feichiog yn yr eglwys, Dewi'n cael ei urddo'n offeiriad a Dewi'n iacháu llygaid ei athro, Peulin.

*

Daeth holl wasanaethau'r seintiau i ben gyda'r Diwygiad Protestannaidd, er y bu angen sawl ymdrech yn Nhyddewi rhwng 1538 ac 1571 i gael gwared ar weddillion y drefn ganoloesol yn gyfan gwbl. Doedd pawb ddim wedi cefnu ar yr hen drefn Gatholig wedi gorseddiad Elisabeth I yn 1558. Roedd rhai dynion yn dianc i'r cyfandir i gael eu haddysgu a'u cysegru'n offeiriaid, ac yn dychwelyd i weinidogaethu'n ddirgel; talodd rhai ohonyn nhw gyda'u bywydau am eu ffydd a'u dewrder. Gwyddom fod rhai seintwarau, yn enwedig Treffynnon, yn dal i ddenu ymwelwyr niferus. Dywed Erasmus Saunders yn 1721 fod y werin bobl yn dal i ddefnyddio gweddïau i'r Forwyn a'r seintiau yn esgobaeth Tyddewi.

Mor ddiweddar ag 1670 fe baratôdd y Tad John Hughes lyfr defosiynau ar gyfer ei braidd yng Nghymru, sef *Allwydd neu Agoriad Paradwys i'r Cymry*, sy'n cynnwys enwau lliaws o seintiau Cymreig, a Dewi'n flaenllaw yn eu plith. Ailymddangosodd enw Dewi mewn llyfrau Catholig ar gyfer cynulleidfaoedd Saesneg o 1755 ymlaen, ac ni bu perygl byth iddo ddiflannu o addoliad Catholig, lle parhaodd cwlt y seintiau yn ei fri.

7

Dewi Sant a'r Beirdd

Oes aur rhyddiaith Gymraeg oedd y cyfnod 1150–1300: dyma gyfnod cyfansoddi *Pedair Cainc y Mabinogi* a *Culhwch ac Olwen*, testunau *Brut y Tywysogion* a'r *Cyfreithiau*. Roedd hefyd yn oes aur rhyddiaith Ladin gan Gymry, gan gynnwys *Bucheddau* Lladin y seintiau Cymreig. Roedd yn un o oesau aur barddoniaeth Gymraeg, er nad yw'n hawdd i ni heddiw ddeall awdlau astrus y Gogynfeirdd. Er mai canu mawl i'r tywysogion a'r arglwyddi Cymreig oedd swmp eu gwaith, roedd crefydd yn bwnc oedd o bwys mawr hefyd, gan gynnwys awdl swmpus Gwynfardd Brycheiniog i Ddewi Sant. Nid oes gofod yma i drafod holl gymhlethdod y gerdd fawr hon, dim ond cynnig tamaid i ddenu'r dewraf i ymgodymu â hi.

Tybia Morfydd Owen, golygydd awdl Gwynfardd, iddi gael ei chanu'n wreiddiol ar gyfer cynulleidfa o eglwyswyr a lleygwyr, yn cyfarfod yn Llanddewibrefi, efallai tua 1170–1180, ym mhresenoldeb yr Arglwydd Rhys. Byddai pawb oedd yn bresennol yn gyfarwydd ag arddull astrus beirdd y cyfnod. Byddent hefyd yn gyfarwydd â thraddodiadau am Ddewi. Mae'n gerdd swmpus, 296 o linellau, a dengys wybodaeth drylwyr o gynnwys gwaith Rhygyfarch. Roedd Gwynfardd yn cyfansoddi ymhell cyn amser cyfieithu'r *Vita Sancti*

David i'r Gymraeg, ond roedd yn gyfarwydd â'r gwaith
Lladin a hefyd â thraddodiadau eraill am Ddewi.

Amcan Gwynfardd, meddai ef ei hun, yw:

Canu Dewi mawr a moli saint.

Bu Dewi'n ymweld â'r Wlad Sanctaidd, medd y
bardd; dyrchafodd y bachgen Magna o farw'n fyw,
a llawer o wyrthiau eraill. Dewi biau Deheubarth,
Pebidiog a chyfran o Iwerddon. Bydd pawb sy'n caru
Dewi yn onest, yn heddychlon, yn caru'r Offeren a'r
tlodion. Mae'r bardd yn enwi Sant, Non, Peulin o'r *Vita*:
mae tiroedd Dewi'n ymestyn o Garon i afon Tywi, 'afon
firain a theg', o'r Llyn Du ger Ystrad Fflur hyd at afon
Twrch, a'r Arglwydd Rhys bellach yn eu llywodraethu.

Mae Synod Llanddewibrefi a statws Dewi yn bynciau
allweddol yn yr awdl:

Dyrchafwys Dewi Brefi a'i braint.

Dywed y bardd yn gynnar yn ei gerdd fod 'saith mil
mawr a saith ugaint' o ddynion wedi bod yn y Synod.
Mae'n disgrifio'r seintiau yn dod i'r Synod o Anjou a
Llydaw, Lloegr a Wessex, o'r Gogledd, o Ynys Manaw
ac Ynysoedd y Gorllewin, Powys, Iwerddon, Môn,
Gwynedd, Dyfnaint, Caint, Brycheiniog a Maelienydd.

Mae Gwynfardd yn cyfeirio at hanesion nas ceir
yn llyfr Rhygyfarch. Aeth Dewi i Rufain, meddai;
cafodd y sant fonclust yno gan ferch annifyr; roedd e'n
gysylltiedig rywffordd â rhyfel yn Nyfnaint. Cyfeiriad
diddorol yw hwnnw at:

Dau ychen Dewi, dau odidawg…

Dyma'r Ychen Bannog, cymeriadau yn llên werin Gymreig bro Caron a Brefi. Ymhlith eu campau roedd creu cwys i fod yn ffin rhwng Caron Uwch Clawdd a Charon Is Clawdd, sy'n dal yn weladwy hyd heddiw. Yn ôl Gwynfardd, cludodd yr ychen dri o drysorau Dewi i Frycheiniog. Un ohonyn nhw oedd y gloch, Bangu, a adawyd yng Nglascwm – un o eglwysi cynnar Dewi.

Yn ogystal â chanu clodydd Dewi a Brefi, mae Gwynfardd yn frwd ei foliant i'w gynulleidfa. Wedyn mae'n enwi nifer o eglwysi Dewi, sy'n dystiolaeth bwysig o ledaeniad cwlt Dewi erbyn y ddeuddegfed ganrif: Tyddewi, Maenordeifi, Dangor Teifi, Henllan Teifi, Llanddewibrefi, Llanarth, Henfynyw, Meidrim, Abergwili, Llangyfelach, Llanycrwys, Llangadog, Llywel, Trallong, Llanfaes, Garthbrengi, Cregina, Glascwm a Llanddewi Ystrad Enni.

Mae Morfydd Owen wedi dangos pwysigrwydd y cyfeiriadau a geir yn yr awdl at natur yr eglwysi Cymreig cynnar, y clasau. Mae'r bardd yn crybwyll braint a nawdd eglwys Brefi: mae'n sôn, yng ngeiriau Ms Owen, am 'natur dylwythol y gymuned, am enwogrwydd y creiriau, ac am y gynulleidfa'. Heblaw am Gwynfardd Brycheiniog, roedd eraill o'r Gogynfeirdd yn cyfeirio at Ddewi, heb fod mor fanwl. Ceir cyfeiriadau eraill at Ddewi yng ngherddi'r brodyr Meilyr ac Einion ap Gwalchmai, Cynddelw Brydydd Mawr a Llywelyn Fardd.

Yn ystod y bedwaredd ganrif ar ddeg daeth y cywydd i fri fel prif ffurf canu'r genhedlaeth newydd o feirdd,

Beirdd yr Uchelwyr. Cyfansoddodd nifer ohonyn nhw gerddi i Ddewi Sant: Iolo Goch, Ieuan ap Rhydderch, Lewys Glyn Cothi, Dafydd Llwyd o Fathafarn, Rhisiart ap Rhys a Tomas ab Ieuan ap Rhys. Mae dwy o'r cerddi hyn yn rhagori ar y lleill.

Y gyntaf yw cywydd Iolo Goch i Ddewi. Dibynnai'n bennaf, fel y beirdd eraill, ar waith Rhygyfarch. Ond mae tinc mwy personol yng nghywydd Iolo. Byddai yntau wedi hoffi gwneud pererindod 'i'r lle croged Crist', ond 'heneiddio'r wyf, hyn oedd rhaid'. Eto 'gwyddwn lle mynnwn fy mod… ym maenol Ddewi Mynyw', ac mae'n canmol y lle am ei gerddoriaeth, ac am fod cystal â Rhufain. Mae'n cynnwys materion eraill hefyd: llaciodd Dewi ympryd llym y Grawys (er mae'n debyg nad oedd hynny'n wir). Mae'n adrodd hanes Gwydre ac Odrud, pechaduriaid a drowyd yn fleiddiaid, ond cawsant eu troi'n ôl yn ddynion gan Ddewi.

Mae gan Iolo ddisgrifiad hyfryd o farwolaeth Dewi:

Dyw [sef dydd] Mawrth Galan Mawrth ym medd
I farw'r aeth ef i orwedd.
Bu ar ei fedd, diwedd da,
Cain glêr [beirdd] yn canu gloria…

Mae'n diweddu trwy sicrhau ei wrandawyr y byddai angen blwyddyn a thridiau i ysgrifennu hanes cyflawn Dewi mewn llyfr.

Yr ail gywydd llwyddiannus yw gwaith Ieuan Rhydderch, o'r genhedlaeth wedi Iolo Goch. Sail y gerdd yw'r ffeithiau a geir ym muchedd Rhygyfarch: am

Badrig, Sant a Non, Gildas, ei addysg gyda Pheulin, ei ymweliad â Chaerfaddon, ac â Jerusalem gyda Phadarn a Theilo. Mae'n disgrifio'r ymsefydlu yng Nglyn Rhosin, y wyrth yn dyrchafu'r bachgen Magna yn fyw eto. Yna ceir paragraff am Synod Brefi, y saith ugain mil a saith mil oedd yno, a llais Dewi'n cael ei glywed:

Mal cloch yn Llandudoch deg.

Wedyn daw adran am odidowgrwydd eglwys Tyddewi, sy'n debyg i'r Deml y dymunai Dafydd Frenin ei chodi yn Jerusalem. Mae'r bardd yn chwarae ar y ffaith mai'r un yw enwau Dafydd a Dewi.

Fel Iolo Goch, mae gan Ieuan gyfeiriadau at faterion nad oes sôn amdanynt gan Rygyfarch, er enghraifft wrth i Ieuan fanylu ar ymweliad Dewi â Rhufain, cawn hanes am glychau Rhufain yn canu:

Pan fu ŵr, wiw gyflwr wedd,
Aeth i Rufain, waith ryfedd;
Clych Rhufain, eurgain ergyd,
A gant [canodd] eu hunain i gyd.

Lewys Glyn Cothi oedd yr unig fardd i annerch Dewi mewn dwy gerdd wahanol. Mae'r gyntaf yn aralleiriad o'r *Fuchedd*, ac yn disgrifio bwydlen Glyn Rhosin yn ddeheuig:

Bara gymerth a berwr,
neu ddŵr afonydd oerion,
ac o'r rhawn, gwisg ar ei hyd,
a phenyd ar lan ffynnon.

91

Mae'r ail gerdd yn cychwyn yn gonfensiynol, ond wedyn yn troi'r ffocws ar Elfael yng nghanolbarth Cymru, gan enwi nifer o eglwysi Dewi yn y fro honno – Glascwm, Cregrina, Colfa a Rhulen. Amcan y gerdd oedd cymodi rhwng dwy garfan o'r un teulu. Dymuna'r bardd i'r sant gymodi:

I'th blwyfau di, Dewi deg
…
y doeth hir adwyth a haint,
Duw a'i gŵyr, rhwng cydgeraint.
Dewi, eryr y dwyrain,
dodwch ar heddwch y rhain.

Mae 39 o gerddi eraill Lewys Glyn Cothi yn cyfeirio at Ddewi hefyd. Nid efe yw'r unig fardd i wneud hynny, wrth gwrs. Mae 'Myn Dewi' yn llw neu ebychiad cyffredin, a'r sant ei hun yn destun ystrydebau. Mae Dafydd Epynt, er enghraifft, wrth ganmol Siôn Morgan, esgob Tyddewi 1496–1504, yn dweud:

Brawd a châr brau ydywch chwi
Ar y ddaear i Ddewi.

Mae Guto'r Glyn, wrth farwnadu Syr Bened, person Corwen, yn dymuno:

Och finnau na chaf yno
Ddewi i'w gyfodi fo.

Y beirdd eraill a anerchodd Ddewi cyn 1600 oedd Dafydd Llwyd o Fathafarn, Rhisiart ap Rhys Brydydd a Tomas ab Ieuan ap Rhys. Ond ar ôl y Diwygiad Protestannaidd bu farw Dewi fel testun barddoniaeth Gymraeg am gyfnod maith. Er hynny, nid dyna ddiwedd y berthynas rhwng Dewi a'r awen Gymraeg chwaith. Cawn weld yn y bennod nesaf fel y byddai baledwyr Saesneg yr ail ganrif ar bymtheg o dro i dro yn atgoffa'r Cymry fod bywyd yn y sant o hyd.

Gyda thwf dathlu Gŵyl Ddewi yn y bedwaredd ganrif ar bymtheg, daeth y sant yn ôl yn destun i feirdd Cymru yn ystod oes Fictoria, ond yn anffodus roedd yr ymdrechion a ymddangosai mewn papurau a chylchgronau yn druenus o wael. Wedi 1900 doedd gan y don gyntaf o feirdd mawr y dadeni – W. J. Gruffydd, R. Williams Parry a T. H. Parry-Williams – ddim diddordeb yn y seintiau. Ond roedd yr ail don – Saunders Lewis, Gwenallt a Waldo – yn fwy agored i themâu crefyddol. Mae 'Pregeth Olaf Dewi Sant' yn fyfyrdod nodweddiadol o waith Saunders Lewis, a fedrai gynnwys y 'geiriau olaf' enwog i fesur ei gerdd heb newid dim arnynt. Roedd Gwenallt yn mynd trwy argyfwng enaid pan ysgrifennodd y gerdd sy'n dechrau 'Nid oes ffin rhwng deufyd yn yr Eglwys'. Gwelai Ddewi fel ei gyfoeswr:

Gwelais Ddewi yn rhodio o sir i sir fel sipsi Duw
A'r Efengyl a'r Allor ganddo yn ei garafán;
A dyfod atom i'r Colegau a'r ysgolion
I ddangos inni beth yw diben dysg.
Disgynnodd i waelod pwll glo gyda'r glowyr
A bwrw golau ei lamp gall ar y talcen.   [sef y talcen glo]

Cerflun cyfoes o Ddewi Sant gan Frederick Mancini yn Eglwys Llanddewibrefi.

Dewi Sant gan John Petts, Eglwys Gatholig Llansawel, Morgannwg.

Llun: Anthony Bentham

Mae awdl Waldo i Dyddewi'n fwy uchelgeisiol a chymhleth na gwaith S.L. a Gwenallt. Fel Crynwr, roedd yn ddrwgdybus o fawredd pensaernïol y gadeirlan. Mae ei gerdd 'Gŵyl Ddewi' yn anodd, ond yn aralleirio disgyblaeth y sant yn drawiadol:

Ar raff dros war a than geseiliau'r sant
  Tynnai'r aradr bren, a rhwygai'r tir.
Troednoeth y cerddai'r clapiau wedyn, a chant
  Y gŵys o dan ei wadn yn wynfyd hir.

Mae'n ystyried ffrwyth llafur y sant:

Heuodd yr had a ddaeth ar ôl ei farw
  Yn fara'r Crist i filoedd bordydd braint.

Roedd awduron eraill wedi defnyddio'r *Fuchedd* Gymraeg i amcanion cerddorol a dramatig. Gosododd W. S. Gwynn Williams gerdd gan T. Gwynn Jones ar gyfer côr merched i'w darlledu gan y BBC yn 1942. Lluniodd Aneirin Talfan Davies destun i Arwel Hughes ar gyfer ei gantata *Dewi Sant*. Pan oedd y bardd-offeiriad Moelwyn Merchant yn trefnu gŵyl y celfyddydau yn Llanddewibrefi yn 1976, paratôdd ef a Norah Isaac destun Saesneg i fod yn fframwaith gwasanaeth.

*

Oherwydd fandaliaeth y canrifoedd, diflannodd 99 y cant o beintiadau, gwydrau lliw a cherfluniau cyfoethog yr Oesoedd Canol yng Nghymru, gan adael eglwysi ac eglwysi cadeiriol megis ysguboriau noeth. Aeth pob portread o Ddewi Sant ar ddifancoll, heblaw dyrnaid o luniau bychain mewn llawysgrifau. Dim ond yn yr ugeinfed ganrif yr ymddangosodd cerfluniau ohono yn Neuadd y Ddinas Caerdydd ac eglwys Llanddewibrefi. Y ddelw fodern orau o Ddewi yng Nghymru, mi dybiaf, yw gwaith John Petts yn Eglwys Gatholig Llansawel, Morgannwg. Mae pethau'n wahanol yn Llydaw, fel y cawn weld yn y bennod nesaf.

8

Dewi Sant a Non yn Llydaw ac Iwerddon

Syndod yw gweld fel mae seintiau'r gorffennol wedi teithio, yn enwedig y rhai na symudodd fyth o'u milltir sgwâr mewn gwirionedd, ond y cariwyd eu hesgyrn a'u hanesion i bellafoedd Ewrop gan eu dilynwyr. Meddyliwch am Iago (brawd Iesu) yn ymddangos yn Sbaen, Andreas yr Apostol yn yr Alban, Siôr y Groegwr yn Lloegr, ac enw Sant Quirico wedi cyrraedd Cymru o Asia Leiaf fel Curig. Mae'n wir fod rhai wedi teithio yn ystod eu hoes, wrth gwrs, gan ddechrau gyda Paul. Rydym yn barod i dderbyn bod Columba wedi teithio o Iwerddon i'r Alban, neu bod Padrig o'r ynys hon wedi teithio i Iwerddon.

Felly, a fu Dewi'n teithio? Mae eglwysi wedi cyflwyno yn ei enw yng ngorllewin Lloegr, Cernyw, Llydaw ac Iwerddon. Ydy hynny'n profi unrhyw beth? Dim mwy na bod ei gwlt wedi cyrraedd y gwledydd hynny. Dywedir bod nifer o seintiau eraill Cymru wedi teithio trwy Gernyw i Lydaw, megis Samson, Gildas ac Illtud, ond ai'r seintiau eu hunain fu'n teithio, ynteu eu dilynwyr yn cario cwlt o un lle i'r llall?

Mae modd olrhain trywydd Dewi a'i fam ar eu taith i Lydaw – ond nid yn llythrennol. Mae hen eglwysi Dewi yn Swyddi Henffordd a Chaerloyw, Gwlad yr Haf, Dyfnaint a Chernyw, ac eglwysi Non yn y ddwy olaf. Yn Llydaw trown yn gyntaf at Non. Hi yw'r unig santes Gymreig sydd â chwlt yng Nghernyw a Llydaw. Dim ond un eglwys sydd yn ei henw yn Llydaw, ond mae ei phresenoldeb yno'n gryf. Mae Dirinon yn bentref i'r de o Landerneau, tref sylweddol i'r dwyrain o ddinas Brest. Ystyr yr enw yw 'coed derw Non'. Mae'r eglwys hardd yng nghanol y pentref wedi ei chyflwyno i Non, ac mae'r wlad o gwmpas yn llawn cyfeiriadau ati, er nad oes tystiolaeth gynnar i ddangos ei phresenoldeb yn Llydaw. Ond mae cyfeiriad cynnar iawn at Ddewi. Mae'n cael ei enwi fel 'Sanctus Devius' ym muchedd y sant Llydewig Paul Aurelian, a gyfansoddwyd yn 884: yn yr un ddogfen mae'n cael ei enwi'n 'Aquaticus', sef 'Dyfrwr'. Sillafiad enw'r sant mewn Llydaweg yw *Divy*, ffurf sy'n dangos yn glir ei fod yn tarddu o'r ffurf *Dewi* yn hytrach na *David*.

Uwchben drws gorllewinol eglwys Dirinon mae cerflun hynafol o Non yn darllen llyfr. Y tu fewn i borth yr eglwys mae dwy res o gerfluniau main, urddasol ar y muriau – y deuddeg apostol. Tu fewn i'r eglwys mae lluniau seintiau peintiedig ar y nenfwd – dynion ar un ochr, menywod yr ochr arall. Non sy'n arwain y rhes o santesi, yn wynebu Dewi. Ar un o golofnau corff yr eglwys mae cerfluniau canoloesol o Ddewi ac Antwn o'r Aifft, tad mynachaeth, gyda'i gilydd ar yr un golofn. Mewn cwpwrdd gwydr mae creirfa arian sy'n cynnwys esgyrn honedig Non.

Eglwys Dirinon, Llydaw, gyda chapel bedd Non i'r chwith.

Llun: Chris Davison

Y Santes Non uwchben drws eglwys Dirinon.

Cerflun o
Non yng
nghapel ei
bedd.

Ffynnon
Non,
Dirinon

Dewi yn Llanddewibrefi: nenfwd y gangell yn Eglwys Saint-Divy.

Nesaf at yr eglwys mae capel o'r Oesoedd Canol sy'n cynnwys bedd Non, gyda cherflun hardd ohoni hi, a ffigurau o Ddewi ar y muriau. Mae'r bedd yn waith o'r bymthegfed ganrif, gyda rhywfaint o adfer ar ôl fandaliaeth y Chwyldro Ffrengig. Yn anffodus, ar f'ymweliad â Dirinon ni lwyddais i gael mynediad i'r capel, ond mae llyfr hardd yn disgrifio'r cyfan gyda lluniau ardderchog: gweler y Llyfryddiaeth dan enw Bernard Tanguy.

Nid dyna'r cyfan yn yr ardal chwaith. Ryw filltir i'r de o Dirinon, yn ymyl y ffordd wledig, mae ffynnon Non, a rhyw hanner milltir i ffwrdd, mewn llecyn gwyrdd, mae ffynnon Dewi. Gwelais y ddwy, ond ni lwyddais i ddarganfod y cerrig a elwir 'crud Dewi' a 'maen Non'.

Rhaid teithio ychydig filltiroedd i bentref arall i'r gorllewin o Landerneau, sef Saint-Divy. Problem ceisio dilyn trywydd Dewi yn Llydaw yw bod yna sant arall, 'Yves' mewn Ffrangeg ond 'Ivi' mewn Llydaweg. Hawdd drysu ar lafar gwlad rhwng 'Sant-Divy' a 'Sant-Ivi'. Mae ffurf arall eto, 'Avi', sy'n rhoi enwau megis 'Lotavi'. Mae Bernard Tanguy wedi mapio 23 o leoedd lle ceir yr enw 'Divi' neu 'Davi(d)'. Ond nid yw'n amlwg o'r map ai eglwysi'n unig yw'r llefydd hyn, neu a ydyn nhw'n cynnwys ffynhonnau. Beth bynnag am hynny, mae'n bryd i Gymry wybod am nerth cwlt Dewi Sant yn Llydaw.

Hynodrwydd pennaf eglwys Saint-Divy yw nenfwd y gangell. Mae wedi ei lenwi gan chwech o beintiadau dienw a wnaed yn 1676. Mae'r lluniau yn dangos chwe golygfa o fuchedd Dewi yn ôl Rhygyfarch, gydag esboniadau Lladin o'u cwmpas. Y golygfeydd yw: gweledigaeth Sant, brenin Ceredigion, o'r carw, y pysgodyn a'r haid o wenyn; Padrig yn ildio'i le i Ddewi ac yn mynd i Iwerddon; cyfarfyddiad Sant a Non a genedigaeth Dewi; bedydd ac addysg Dewi; Dewi yn Synod Brefi; marwolaeth Dewi a'r nef yn agor iddo. Mae'r cyfan mewn arddull syml, hardd: mae rhai ffigurau'n urddasol ac eraill yn od o dew, yn enwedig Dewi druan yn eistedd ar ben tomen Brefi.

Efallai nad yr eglwysi na'r cerfluniau yw hynodrwydd pennaf Dirinon a Saint-Divy, ond y ddrama ganoloesol Lydaweg *Buez Santez Non*, sef 'Buchedd Sant Non'. Cafwyd hyd i'r llawysgrif yn 1833 yng nghartref offeiriad Dirinon: mae bellach yn Llyfrgell Genedlaethol Ffrainc. Mae'n debyg yn y bôn i ddramâu eraill sy'n portreadu bywydau seintiau mewn Llydaweg a Chernyweg. Ceir dramâu crefyddol Cymraeg o'r un cyfnod, ond dim un yn dangos bywyd sant.

Mae testun y ddrama'n hir – 2,080 o linellau – ac yn cynnwys golygfeydd nas ceir mewn fersiynau eraill o hanes Non: er enghraifft, mae golygfeydd yn disgrifio mordaith Padrig i ynys Rosina yn Iwerddon, Non yn cymryd llw o ddiweirdeb o flaen abades a'r lleianod eraill, a Duw yn gyrru angel at y brenin 'Queretic' (sef Ceredig, nid Sant) i ddweud wrtho am gael hyd i garw, pysgodyn a haid o wenyn. Wedyn mae'r brenin Queretic yn cwrdd â Non ac yn ei holi'n gwrtais cyn mynnu ei threisio, ond yn edifarhau ar unwaith. Mae Non yn galaru am golli ei morwyndod, ac yn deall y bydd yn feichiog. Ymddengys Myrddin Emrys i broffwydo mawredd y plentyn yn hanes Llydaw. Yna ceir golygfeydd gyda Gildas (mae ei bregethau'n hynod o hirwyntog) ac amryw o ormeswyr.

Hanner ffordd trwy'r ddrama mae Dewi'n cael ei fedyddio a'i addysgu gan Beulin. Ond yna mae Non yn clafychu; mae Angau'n ei lladd 'gydag ergyd i'w chalon', ac mae angylion yn ei chludo i Baradwys. Mae Dewi'n cael ei urddo'n offeiriad ac yn cyflawni gwyrthiau cyn ei farwolaeth a'i gludiant i Baradwys. Er mor ddiddorol yw'r ddrama, mae'n bosibl y byddai perfformiad ohoni'n hynod o feichus. Anodd hefyd yw dychmygu sut byddai actorion o'r cyfnod wedi cyflwyno'r trais ar y llwyfan.

*

Beth, felly, am Ddewi yn Iwerddon? Gwelsom eisoes fod dogfennau o Iwerddon yn dangos cryn ddiddordeb yn ffigur Dewi fel sant ac esgob. Doedd neb yn hawlio bod Dewi wedi ymweld ag Iwerddon, ond roedd ei gysylltiad â nifer o seintiau Gwyddelig yn rhoi statws iddo, ac mae'n cael ei enwi mewn nifer o fucheddau seintiau Iwerddon. Roedd cyrhaeddiad y goresgynwyr Cambro-Normanaidd dan eu harweinydd Strongbow wedi rhoi hwb sylweddol i gwlt Dewi. Mae'n bosibl fod pob eglwys a gyflwynwyd yn enw Dewi wedi cael ei sefydlu yn sgil cyrhaeddiad Strongbow a'i filwyr yn 1169–72. Daeth tiroedd Leinster ac ardal Dulyn dan awdurdod yr ymosodwyr, a dyna'r ardaloedd lle cysegrwyd – neu ailgysegrwyd – eglwysi yn enw Dewi Sant.

Yn anffodus, dyw hi ddim yn hawdd cadarnhau'n union faint o gyflwyniadau Gwyddelig i Ddewi sydd.

Mae'r broblem yn rhannol, mae'n debyg, oherwydd Datsefydliad yr Eglwys yn Iwerddon yn 1869. Mae un ffynhonnell academaidd barchus yn enwi deuddeg cyflwyniad o'r Oesoedd Canol, ond dyw hi ddim yn hawdd eu cadarnhau. Ond gellir enwi Siddan, Ardnurcher, Kilsallaghan a Naas fel 'eglwysi Dewi'. Mae calendr eglwys gadeiriol Tyddewi yn rhestru naw eglwys Dewi yn Iwerddon, ond mae'n wahanol iawn i'r rhestr flaenorol, gan ei bod yn cynnwys eglwysi Pabyddol modern yn ogystal â hen sefydliadau. Mae eglwys Gatholig ym mhentref Oylegate, Swydd Wexford, er enghraifft, wedi'i henwi ar ôl ffynnon sanctaidd Dewi gerllaw. Dim ond yr enwau yr oedd yn bosibl cadarnhau eu bodolaeth a gynhwysir yn y rhestr o eglwysi hanesyddol Dewi yn Atodiad 1 isod.

Gwyddom, wrth gwrs, fod dathlu Mawrth y 1af yn bwysig i bob eglwys Dewi, ac mac hanes plwyf Naas (Swydd Kildare) yn drawiadol. Ar 3 Mawrth 1577 roedd y pennaeth, Rory O'More, wedi lansio cyrch yn erbyn Naas a chael gatiau'r dref yn llydan agored. Esboniodd Rory fod pobl y dref wedi gloddesta gymaint ar ddydd gŵyl eu nawddsant fel nad oedd hwyl ynddyn nhw i ymladd yn ôl. Dywedir hefyd y byddai pobl Naas, hyd ddiwedd y ddeunawfed ganrif, yn gwisgo cennin ar Fawrth y 1af.

9

Dewi Sant
wedi'r Diwygiad

Bu degawdau cynnar yr unfed ganrif ar bymtheg yn gyfnod ffrwythlon a bywiog i Gristnogaeth Gatholig yng Nghymru. Dwy enghraifft o lawer ymhlith gwaith adeiladu newydd y cyfnod yw nenfwd syfrdanol corff eglwys gadeiriol Tyddewi, a chapel y Drindod yno. Yn ystod y blynyddoedd hyn gosodwyd addurniadau newydd a chyfoethog mewn eglwysi ar draws Cymru, megis y ffenestr Jesse odidog yn eglwys Llanrhaeadr-yng-Nghinmeirch yn 1533. Tyrrai pererinion o bob man yng Nghymru a thu hwnt i seintwarau'r wlad, o Dreffynnon i Dyddewi. Ond roedd bygythion ar y gorwel.

Roedd nifer o gymhellion yn sbarduno'r Diwygwyr – gormod i'w trafod yn fanwl yma. Ond i grynhoi: roedd gwrthwynebiad cynyddol i rym a dylanwad y Babaeth, ac roedd beirniadu cynyddol ar lygredd y Babaeth, yn enwedig wrth i'r pabau werthu 'maddeuebau pechodau' er mwyn codi arian. Roedd y diwygwyr mwyaf selog yn beirniadu ofergoelion ac yn awyddus i ddinoethi crefydd o ddelwau, ofergoeledd a Lladin.

Ar yr un pryd roedd dwy broblem gan y brenin Harri

VIII. Yn gyntaf, roedd mewn dyled at ei glustiau. Yn ail, dymunai i'r Pab ganiatáu iddo ailbriodi er mwyn cenhedlu mab ac etifedd. Disgwyliai i'w weinidog, Thomas Cromwell, ddatrys y ddwy broblem. Roedd ymateb hwnnw'n chwyldroadol. Yn gyntaf, dangosodd i Harri sut i roi terfyn ar y berthynas rhwng Lloegr a Rhufain trwy ddatganiad y Senedd mai ef oedd Pen yr Eglwys yn y wlad, nid y Pab. Felly, câi ailbriodi. Yn ail, caeodd y mynachlogydd, y lleiandai a'r tai Brodyr, ac atafaelu eu holl gyfoeth.

Nid dyna'r cyfan. Roedd Thomas Cromwell yn cydymdeimlo'n ddwfn â'r Diwygiad. Aeth ati i sicrhau cyhoeddi'r Beibl Saesneg. Gorchmynnodd ymosodiadau ar seintwarau'r seintiau, gan ddechrau gyda Thomas Becket yng Nghaergaint. Penododd ddiwygwyr i fod yn esgobion i weithredu'r holl newidiadau hyn. Daeth nemesis i orllewin Cymru yn rhith yr esgob William Barlow, a benodwyd yn esgob Tyddewi yn 1538. Torrodd tswnami dinistriol ar esgobaeth ac eglwys Tyddewi.

Llosgai calon Barlow ag awydd i ddiwygio popeth eglwysig yng ngorllewin Cymru. Roedd yn casáu 'gwasanaethu delwau annuwiol, eilunaddoliaeth ffiaidd... pererindota pabyddol' – ei eiriau ei hun. Bwriadai ail-leoli'r esgobaeth yng Nghaerfyrddin. Llwyddodd i droi Coleg Abergwili yn balas i'r esgob, a dyna ddiwedd ar balas ysblennydd yr esgob Gower yn Nhyddewi ei hun. Ond methodd Barlow yn ei brif amcan, gan adael taith diwrnod hir i'r esgob rhwng ei blas a'i eglwys gadeiriol. Collasai'r eglwys gadeiriol ei thrysorau, a sychodd yr incwm a ddeuai o'r pererinion yn llwyr.

Cwerylodd Barlow'n ffyrnig gydag offeiriaid ceidwadol a gwrthnysig Tyddewi. Mynnodd ddwyn y creiriau (yn eu plith ddwy benglog wedi eu cynnwys mewn gorchuddion arian), a chymryd neu losgi'r holl hen lyfrau oedd yn eiddo i'r eglwys, gan gynnwys rhai a fuasai yn nwylo Rhygyfarch, mae'n siŵr. Cawn weld, er hynny, fod angen mwy nag un ymosodiad i glirio'r hen lyfrau i gyd. Rheibiodd Barlow seintwar Dewi, a gyrru'r tlysau a'r esgyrn i Lundain. Trosglwyddodd eiddo gwerthfawr maenor Llandyfái (Lamphey) i Harri VIII, a oedd yn prysur waedu'r Eglwys o'i chyfoeth ar draws y wlad.

Ni ddylem gondemnio pob uchelgais o eiddo Barlow. Erbyn 1540 roedd Tyddewi'n bellennig ac yn anghyfleus ar gyfer esgobaeth oedd yn cynnwys hanner arwynebedd Cymru. Caerfyrddin, ar y llaw arall, oedd y dref fwyaf yng Nghymru'r adeg honno. Byddai gosod y gadeirlan yno wedi ei gwneud yn fwy effeithiol fel canolfan i'r esgobaeth. Ond buasai'n gyflafan i'r eglwys gadeiriol hynafol a phrydferth, i dref Tyddewi – ac i'r diwydiant ymwelwyr heddiw o ran hynny. Buasai'n angeuol i gwlt Dewi Sant.

Dan olynwyr Barlow, sef y Protestant Robert Ferrer (esgob 1548–55), y Pabydd Henry Morgan (1556–9) ac esgobawd fyrhoedlog Thomas Young (1559–60), dioddefodd yr esgobaeth yr un newidiadau polisi crefyddol â gweddill y wlad. Ni ddaeth trefn fwy sefydlog yn ôl nes i Richard Davies ddod yn esgob yn 1561. Roedd yn Brotestant o argyhoeddiad, ond yn sgil ei dair blynedd o alltudiaeth yn Frankfurt a merthyrdod ei ragflaenydd, Ferrer, roedd yn deall na fyddai eithafiaeth negyddol yn fodd call o ddiwygio'i esgobaeth. Gwelai yn hytrach yr angen i gynnal Protestaniaeth trwy sicrhau bod y Beibl a'r Llyfr Gweddi Cyffredin ar gael yn iaith y bobl, a chyfrannodd yn sylweddol tuag at y nod. Ac fe aeth gam yn bellach na hynny.

Cydweithredodd Davies â William Salesbury i gyhoeddi'r Testament Newydd yn Gymraeg, gan ysgrifennu rhagair iddo, 'At y Cembry'. Ynddo fe amlinellodd Davies ei ddealltwriaeth o hanes yr Eglwys ym Mhrydain. Roedd yr Eglwys gynnar ym Mhrydain, tybiai ef, yn rhydd o lygredd ac ofergoeledd a ddeuai o Rufain. Yn y dechreuad, meddai, bu Cristnogaeth ym Mhrydain yn bur, er gwaethaf heresi Pelagius. A phwy oedd wedi achub y wlad rhag peryglon heresi ond 'Dewi Archescop, ac eraill ddyscedigion y Deyrnas'. Ond roedd Gwrtheyrn wedi bradychu'r achos trwy dderbyn y Saeson i Brydain – a phan ddaeth Cristnogaeth i'r Saeson, daeth trwy 'eilun Chrystynogaeth a ddug Awstin ir Sayson' yn 597. Hynny yw, roedd gwreiddiau Protestaniaeth bur gan yr Eglwys gynnar ym Mhrydain, felly roedd lle anrhydeddus i Ddewi o hyd yn hanes Cristnogaeth yr Eglwys – Eglwys Loegr, wrth gwrs!

Roedd y drefn eglwysig Elisabethaidd yn cadw lle i rai o elfennau Eglwys Rufain: esgobion, ychydig o wisgoedd syml, croesau – a detholiad bychan o'r seintiau. Roedd y seintiau wedi diflannu'n llwyr o'r Llyfr Gweddi Saesneg a gyhoeddwyd yn 1549. Ond wedi 1558 roedd yr awdurdodau newydd ychydig yn fwy eangfrydig. Cyfyng oedd nifer y seintiau yn y Calendr

Eglwysig yn Llyfr Gweddi 1559, sef yr Apostolion a rhai ffigurau eraill o'r Testament Newydd, a'r merthyron cynnar – dyna'r mwyafrif. Ond roedd Dewi'n ôl yn y calendr ar ei briod ddiwrnod.

Eto, er nad oedd Dewi wedi diflannu o'r calendr, rhaid cydnabod nad oedd presenoldeb y seintiau yn y drefn newydd yn cyfrif fawr ddim. Boreol Weddi a Gosber oedd wedi cymryd lle hen litwrgi'r Oriau, a'r Cymun Sanctaidd yn digwydd yn llai aml na'r hen Offeren. Yn wir, yn ystod teyrnasiad y Senedd ac Oliver Cromwell, dim ond y seintiau Beiblaidd oedd yn cael eu cydnabod. Pan luniwyd calendr newydd ar gyfer Llyfr Gweddi Cyffredin 1662, protestiodd y Piwritaniaid yn erbyn adfer y seintiau. Gwrthododd yr awdurdodau y brotest: 'Gadawyd y seintiau yn y Calendr nid er mwyn cadw eu dyddiau gŵyl ond er cadw eu cof yn fyw, ac ar gyfer pwrpasau seciwlar megis dyddio dogfennau cyfreithiol.'

Cawn weld eto fod Dewi wedi mwynhau cryn sylw o'r unfed ganrif ar bymtheg ymlaen, ond roedd hynny yn ei ymrithiad fel nawddsant gwladgarwch seciwlar – a rhamant hefyd. Mae'n wir bod gwasanaeth blynyddol yn Llundain ar Ddydd Gŵyl Ddewi o 1715 ymlaen. Ond nid cyn i Fudiad Rhydychen dyfu'n rym yn Eglwys Loegr, o'r 1840au ymlaen, y deuai'r seintiau i ryw amlygrwydd eglwysig eto yng Nghymru a Lloegr. Nid dyma'r lle i geisio dadansoddi hanes ac effeithiau Eingl-Gatholigiaeth yng Nghymru, ond bu dau ganlyniad o fudd i gwlt Dewi Sant.

Y cyntaf oedd yr ymgais i ddyrchafu statws ac adfer cyflwr eglwys Tyddewi ac i roi lloches fwy amlwg i'r esgyrn y tybiwyd eu bod, o bosibl, yn esgyrn Dewi. Roedd y rhain wedi eu canfod yn 1866 y tu cefn i'r allor fawr, ac fe'u rhoddwyd mewn cist yng Nghapel y Drindod yn 1925. Pan atgyweiriwyd seintwar Dewi ddechrau'r ganrif newydd hon, rhoddwyd yr esgyrn yno. Mae profion gwyddonol wedi dangos mai esgyrn o'r unfed ganrif ar ddeg ac wedyn ydynt mewn gwirionedd.

Yr ail ganlyniad gweladwy oedd cynnwys pump o emynau ar gyfer Gŵyl Ddewi yn y casgliad *Emynau'r Eglwys* (1941–1951). Cynnyrch carfan Eingl-Gatholig yr Eglwys yng Nghymru oedd y gyfrol hon, a bu'n achos tipyn o ddadlau. Cynhwysai emynau ar gyfer gwyliau'r flwyddyn eglwysig, â phwyslais ar y seintiau Cymreig, gydag atodiad o farddoniaeth grefyddol o Lyfr Du Caerfyrddin ymlaen. Y dyn oedd yn bennaf cyfrifol am *Emynau'r Eglwys* oedd W. H. Harris (1884–1956), offeiriad a chanddo brofiad mewn plwyfi cyn mynd yn athro'r Gymraeg yng Ngholeg Dewi Sant, Llanbedr Pont Steffan. Dyn o argyhoeddiadau Eingl-Gatholig cadarn oedd Harris, ac felly hefyd yr offeiriad ac ysgolhaig Silas Harris, awdur *Saint David in the Liturgy* (1940). Ymhlith y pum emyn i Ddewi yn *Emynau'r Eglwys*, roedd Silas Harris wedi cyfrannu cyfieithiadau o ddau emyn Lladin canoloesol. Bellach mae *Emynau'r Eglwys* wedi ei ddisodli i raddau helaeth gan gyfrolau cyd-enwadol. Yn un o'r rhai mwyaf poblogaidd, *Caneuon Ffydd*, does ond un cyfeiriad at Ddewi, sef emyn Cynan, 'Tydi, o Dduw, a beraist / dy foliant ymhob iaith', er bod nifer o emynau'n cael eu nodi fel rhai addas i'w canu ar Ddydd Gŵyl Ddewi.

Rhaid cofio, wrth edrych ar Ddewi fel arwr Cristnogol ac yn ei gysylltiad ag addoliad eglwysig, iddo ddiflannu'n llwyr o'r traddodiad Ymneilltuol hanesyddol yng Nghymru. Ni roddai'r Bedyddwyr na'r Annibynwyr unrhyw sylw i'r seintiau, heblaw i ffigurau'r Beibl. Yn eu tro fe anwybyddai'r Methodistiaid, Calfinaidd a Wesleyaidd, y seintiau'n llwyr. Does gan yr haneswyr crefyddol Cymraeg cynnar – Charles Edwards, Simon Thomas, Theophilus Evans a Joshua Thomas – ddim un gair i'w ddweud am Ddewi.

Y gwir yw bod Dewi'n ffigur cymhleth. Hyd yn oed pan oedd diwylliant y wlad yn drwyadl Gristnogol, roedd arwyddion y byddai'r sant yn datblygu fel personoliaeth seciwlar. Mae hynny'n amlwg o'r defnydd a wnaed ohono yn *Armes Prydein*, a chan y Cambro-Normaniaid, a ddefnyddiai ei enw fel rhyfelgri wrth ymosod ar Iwerddon. Ond o'r ail ganrif ar bymtheg ymlaen mae'n datblygu personoliaeth seciwlar fel gwrthrych gwladgarol. Mae'n wir, wrth gwrs, fod yna, erbyn heddiw, liaws o eglwysi – a chapeli! – wedi eu henwi ar ei ôl. Mae'n dal i gael ei gofio mewn eglwysi o gwmpas y byd – fel y cawn weld. Ond o hyn ymlaen bydd yn mynnu sylw fel arwr cenedlaethol, fel yr oedd yr esgob Barlow wedi dechrau sylweddoli.

Ysgrifennodd Barlow lythyr llawn tân a brwmstan at Thomas Cromwell yn 1539. Da yw cadw'r Saesneg gwreiddiol:

[Like the bishop of Rome] even thus hath our Welsh David been advanced to be patron of Wales, as he that had seignory not only in earth by lawless privileged

exemption, but power also in Heaven to give it to whom
he would… whose Legend is so uncertain of truth and
certainly full of lies, that not only his saintly holiness
is to be suspected, but rather to be doubted whether
any such person was ever bishop there… I have certain
pamphlets… also mentioning such enormous falsehood
that scarcely Rome might be comparable with Saint
David's territory concerning presumptuous usurpation
upon their princes, crafty encroaching of possessions,
subtle defeating of inheritances, extortion, bribery,
simony, heresy, idolatry, superstition etc.

'Patron of Wales' – dyna farn chwerw William
Barlow, y diwygiwr ffyrnig, am Ddewi.

Ac roedd Barlow'n dweud y gwir: erbyn ei amser ef
roedd Dewi wedi dod yn nawddsant a noddwr Cymru
ers tro – yn wir, ers amser *Armes Prydein*. Yn 1485,
pan laniodd Harri Tudur yng Nghymru, gwaeddai'r
Cymry oedd wedi tyrru i'w groesawu: 'Let us goe on
in God's name, and St David, and we shall prevail.'
Wedi ei fuddugoliaeth yn Bosworth ac yntau bellach
yn frenin, roedd Harri'n barod i wario arian i noddi
Gŵyl Ddewi. Pan dderbyniodd ei gefnogwr pennaf, Syr
Rhys ap Thomas, i Urdd y Gardys, dathlodd hwnnw'r
anrhydedd yn ei gartref yng nghastell Caeriw yn 1507
gyda thwrnament. Uwchben y cyfan roedd baner fawr
yn dangos Dewi Sant a San Siôr yn cofleidio'i gilydd.
Dathlodd y bardd Rhisiart ap Rhys yr achlysur mewn
cywydd sy'n clymu enwau Harri, Syr Rhys a Dewi
gyda'i gilydd.

Roedd y llif o Gymry a ddilynodd y brenin newydd i
Lundain wedi troi'r ddinas yn fath o brifddinas Gymreig

answyddogol. Mae cyfrifon Harri VII yn dangos ei fod yn dathlu Gŵyl Ddewi yn ei lys bob blwyddyn, ac roedd ei fab, Harri VIII, yn ddigon parod i gydnabod yr ŵyl drwy roi tâl ychwanegol i'r Cymry oedd yn ei warchodlu. Ond gwanhau wnaeth y cysylltiad rhwng y llys brenhinol a Chymry'r ddinas wedi marwolaeth Elisabeth I yn 1603. Diflannodd y ddraig goch o'r arfbais frenhinol, a'r uncorn Albanaidd yn cymryd ei lle.

Mae llenyddiaeth Saesneg y cyfnod yn cynnwys tystiolaeth bwysig o deyrngarwch y Cymry i ffigur Dewi Sant. Dengys drama Shakespeare, *Henry V*, fod Mawrth y 1af yn dal yn boblogaidd. Er bod y milwr Fluellen yn destun hiwmor, mae parch iddo serch hynny: 'There is much… valour in this Welshman,' meddai'r brenin amdano. Dyma'r genhinen yn dod i'r blaen am y tro cyntaf fel symbol o Gymreictod, a Fluellen yn gorfodi'r Sais bostfawr, Pistol, i fwyta un. Mae Shakespeare yn mynnu bod y brenin ei hun yn barod i wisgo cenhinen ar Fawrth y 1af, ac yn fodlon dweud ei fod yn Gymro am iddo gael ei eni yn Nhrefynwy.

Mae gwaith cyfoeswr Shakespeare, Ben Jonson, *For the Honour of Wales* (1618), yn fwy amwys. Mae'n basiant sy'n canu clodydd Cymru yn gymysg â geifr yn dawnsio a Chymry'n siarad Saesneg ffug-Gymreigaidd. Cafodd Jonson gryn wybodaeth am Gymru o lyfr mawr yr hynafiaethydd Camden, *Britannia*, ac mae'n cyfeirio at Bangu, cloch Dewi. Ond gyda threigl amser daeth y dystiolaeth lenyddol am Ddewi Sant a Chymreictod yn fwy gwerinol. Cawn weld yn y bennod nesaf sut y daeth Dewi'n ffigur rhamant annisgwyl, ond am y tro fe arhoswn ym myd y baledi a'r cyfeiriadau achlysurol at

Ddydd Gŵyl Ddewi. Gwyddom i sicrwydd fod y Saeson yn gyffredinol yn dal i edrych i lawr eu trwynau ar y Cymry, yn barod i wneud hwyl amdanyn nhw, ac yn gwneud mwy na hynny yn achlysurol.

Yn ôl yr ychydig dystiolaeth o'r ail ganrif ar bymtheg a gasglwyd gan R. T. Jenkins a Helen Ramage, gallai Gŵyl Ddewi fod yn achlysur o rialtwch a thrais. Yn 1640 cyhuddwyd Cymro o ddynladdiad am dalu'r pwyth yn ôl i ryw Sais gwawdlyd. Yn 1642, canodd T. Morgan:

> This is a good week, when we wear a Leek,
>   And carouse in Bacchus's fountains –
> We had better be here than in poor small beer,
>   Or in our country mountains.

Cofnododd Samuel Pepys, ar Ŵyl Ddewi 1667, i rywun grogi delwedd o Gymro yn gyhoeddus, er mwyn gwawd. Yn 1670, gobaith y Fonesig Wynn o Wydir, wrth ysgrifennu at ei gŵr, Syr John, adeg yr ŵyl, oedd na fuasai unrhyw un o elynion y Cymry ('the enemies of Taffy') wedi colli clust oherwydd eu diffyg parch.

Mae rhywbeth dwys ynghylch hanes Cymru rhwng 1603 ac 1714. Does dim dwywaith ei bod yn ganrif llawn cyffro a digwyddiadau o bwys. Ond lle gynt yr oedd Cymru a'r Cymry yn rhyw fath o bartneriaid yn nheyrnas y Tuduriaid, roedd dyfodiad yr Alban i'r llwyfan yn newid y berthynas yn sylweddol. Daliai'r Cymry i frolio bod y brenhinoedd newydd yn ddisgynyddion i Harri Tudur; cyhoeddodd Michael Drayton ei gerdd anferth *Poly-Olbion* (1612, 1622), gan ganmol tirwedd Cymru a Dewi Ddyfrwr:

As he did only drink what crystal Hodney yields,
And fed upon the Leeks he gather'd in the fields.
In memory of whom, in the revolving year,
The Welsh-men on his day that sacred herb do wear.

Mae baledi Saesneg yn cynnwys cyfeiriadau at
y Cymry o dro i dro, ond mae ambell un yn gwneud
mwy na hynny. Roedd baled *The Welchman's Glory*, a
argraffwyd rywdro cyn 1689, yn dathlu'r genhinen a
Gŵyl Ddewi:

The Honour, Glory and the Grace
  Of valiant Brutes tryumphant Race,   [Brutus's]
Shewing the Reasons, wherefore they
  Wear Leeks upon St. Davids Day.
The valiant Deeds of Britans bold,   [Britons]
  I here shall sing in Verse;
Direct my Pen, Heroick Muse!
  While I the same reherse:
That to the Britans noble Fame,
  I bravely chant it may,
The Reason why, they do wear LEEKS
  Upon St. Davids Day.

Mae'r baledwr yn esbonio bod Mawrth y 1af wedi
gweld buddugoliaeth fawr gan y Cymry dros y Saeson,
gyda chymorth Dewi a'u cennin. Mae'r faled *The Praise
of St David's Day* yn cario'r un neges:

Who list to reade the deeds
  by valiant Welch-men done,
Shall find them worthy men of Armes,
  as breathes beneath the sunne:

They are of valiant hearts,
  of nature kind and meeke,
An honour on St. David's day,
  it is to weare a Leeke.

Y ddelwedd fwyaf trawiadol ar unrhyw daflen Gymreig yw honno o 1781 dan y teitl 'Saint David for Wales'. Mae'n dwyn yr holl ystrydebau oedd yn dynodi Cymreigrwydd: geifr, cennin, mynyddoedd, telyn, heb

'Saint David for Wales', wynebddalen llyfryn (1781).

sôn am gyfeiriadau at 'Welch Ale' a chaws pobi. Dyn yn gwisgo dillad y cyfnod yw Dewi, yn hytrach na delw o Dderwydd. O dan y llun ceir y pennill:

The Glorious Ancient British Saint Behold,
David the Great in Fames Records Inroll'd.
Loaded with Grand Repast his Sons to Treat
And sets before them fine Welch Ale & Meat
Herrings, Leeks, Black Puddings, Mustard, toasted Cheese
With Goats Milk, Butter & such food as these
Then brings his Minstrells Harp of graceful sound
Whose Musick cheers their Hearts and makes their Voice
    Resound.

Er nad oes gwerth iddyn nhw fel llenyddiaeth, mae'r baledi hyn yn fwy difyr na'r cerddi gwawdlyd oedd yn ddigon poblogaidd yn ystod y ddeunawfed ganrif. Ond yr oedd peth mwy rhyfedd o lawer wedi digwydd i Ddewi Sant yn llenyddiaeth Lloegr, a hynny ers tro.

10

Dewi Sant
ym Myd Ffantasi

Cawn gyfarfod yn y bennod hon â Dewi'r milwr a'r marchog – a mwy na hynny, Dewi'r gŵr priod! Ond mae awgrymu'r fath beth yn gabledd! Ble mae hynny yng ngwaith Rhygyfarch? Gwelsom ei fod yn arweinydd y cenhedloedd Celtaidd yn *Armes Prydein*, cerdd o'r ddegfed ganrif, ond fel ysbrydoliaeth, nid fel rhyfelwr. Beth bynnag, pwy yn 1600 a wyddai am *Armes Prydein*? Roedd y gerdd wedi diflannu i lyfrgell Hengwrt, ac ni ddaeth y llawysgrif i'r fei cyn y bedwaredd ganrif ar bymtheg. Ond yn 1596 ymddangosodd llyfr Saesneg eithriadol o od, sef *The Famous Historie of the Seaven Champions of Christendom* gan Richard Johnson.

Y saith campwr yw'r seintiau Siôr (Lloegr), Padrig (Iwerddon), Andreas (yr Alban), Denys (Ffrainc), Siams (Sbaen), Guto (Yr Eidal) a Dewi (Cymru). Nid llyfr crefyddol yw gwaith Johnson, na chwaith rhyw gasgliad o fucheddau, ond math o ramant hirwyntog, lle mae'r saith arwr yn mynd o gwmpas y byd yn chwilio am anturiaethau, yn lladd paganiaid a bwystfilod ac yn achub morynion o argyfyngau cyn ymserchu ynddynt. Cyhoeddwyd ailargraffiad gydag ychwanegiadau yn 1608 ac 1616. Cafwyd argraffiadau newydd a thalfyriadau am y ddau gan mlynedd nesaf.

Arweinydd y saith yw Sant Siôr, wrth gwrs, gan mai Sais oedd Richard Johnson. Ond mae Dewi'n cael gofod sylweddol, ac ar ôl nifer o anturiaethau tramor mae'n dychwelyd i Gymru. Mae'r wlad yn cael ei rheibio gan baganiaid, felly mae Dewi'n galw ar y Cymry sy'n weddill i ymuno ag ef i drechu'r gelynion ffiaidd. Rhaid iddo eu hysbrydoli, a dyma ei araith:

> To arms! I say, brave followers; I will be the first to give death the onset; and for my colours or ensign do I wear upon my burgonet, you see, a green leek beset with gold, which shall, if we win the victory, hereafter be an honour unto Wales; and on this day, being the first of March, be it for ever worn by the Welshmen in remembrance hereof.

Mae'r Cymry'n fuddugoliaethus, ond mae Dewi'n marw o'i glwyfau.

Ond nid dyna'r diwedd. Mae'r chwe arwr arall yn marw hefyd yn eu tro. Yn argraffiad 1616 ychwanegodd Johnson yn sylweddol at ei destun. Y tro hwn mae meibion rhai o'r arwyr (ond nid Dewi) yn cael anturiaethau. Yn sydyn, ac yn annhebyg i'r chwech arall, mae Dewi'n ailymddangos heb unrhyw esboniad am ei atgyfodiad o'r bedd. Mae'n arwain byddin o Saeson, ac yn gorffen ei anturiaethau milwrol trwy achub a phriodi'r dywysoges Rosetta!

Pam crybwyll yr holl ffiloreg hyn? Yn gyntaf, roedd hanes y Saith Pencampwr yn hynod o boblogaidd, ac yn cadw enw Dewi a symbol y genhinen yn fyw. Yn ail, mae'n rhoi sylw arbennig i Gymru a'r genhinen fel symbol cenedlaethol. Yn drydydd, mae'n fath o ragolwg o waith llenyddol am Ddewi oedd yn bwysicach o lawer fel llenyddiaeth, ac yn llawn haeddu ei ailgyhoeddi, sef *The Leek*. Bydd gweddill y bennod hon yn rhoi disgrifiad o'r gerdd hon fel gwaith llenyddol. Yn y bennod nesaf ceir esboniad ar ei harwyddocâd gwleidyddol a chymdeithasol.

Mân fonheddwr oedd Nathaniel Griffith, awdur *The Leek*, ac aelod o deulu Rhual, Sir y Fflint. Roedd yn frwd o blaid yr Hanoferiaid, ac yn awdur *An Ode to the Honourable Sir William Morgan, KB* (1725). Cododd gofeb ar faes buddugoliaeth Garmon dros y Pelagiaid.

Cyhoeddwyd *The Leek* yn 1717, gydag ailbrintiad y flwyddyn wedyn yn dwyn yr arfbais frenhinol. Mae'n un o'r cerddi gwlatgar Cymreig rhyfeddaf i ddod erioed o'r wasg. Cyflwynwyd y gerdd i Gymdeithas yr Hen Frythoniaid ac er anrhydedd Tywysoges Cymru a gwlad Cymru. Mae'n 826 llinell o hyd, mewn cwpledi o'r math oedd yn boblogaidd ar y pryd. Mae'n adrodd, yn y dull ffug-arwrol, hanes rhyfel rhwng yr Hen Gymry a'r Sacsoniaid – nid Saeson, cofiwch. Mae'r Cymry wedi ymdrechu'n hir yn erbyn y gelynion hyn, ond yn gorfod ildio tir iddyn nhw o hyd.

O'r diwedd mae arweinydd yn ymddangos:

Then David rose, a venerable Seer,
In Sanctity of Life without a Peer,
By Heaven ordain'd fresh Ardor to infuse;
And in these Words their Courage he renews.

And is it thus, our Country we defend?
Must then the *British* Name inglorious end?
Not so our Fathers shun'd the fatal Field,
Or to the Conqu'rors of the World did yield:
Not so these very Saxons e'er cou'd boast
The smallest Share of our dear Country lost.
Is it for Love of Life, we're Cowards grown?
O, what is Life, when *Liberty* is gone!

Cyn hogi ei arfau, megis, mae Dewi'n treulio wythnos o weddi yn Nhyddewi:

O Power Supreme! Whose everlasting Sway
Nature and all her varying Turns obey…
Gracious, thy *Britain* now behold! e'er while
Thy chosen Nation, and thy favour'd Isle!…

Mae Dewi'n cyfaddef holl bechodau niferus y Brythoniaid, a'r gwendid a'u gyrrodd i dderbyn y Saeson i'w gwlad yn y lle cyntaf. Mae'r gyffes yn tanio brwdfrydedd yn ei fron, ac yng Nghaerleon mae'r llwythau o bob rhan o Gymru yn prysur ymuno â'r fyddin. Pan mae Dewi'n camu ymlaen i annerch ei filwyr, mae'r ddaear yn codi o dan ei draed (megis yn Synod Brefi!) er mwyn iddyn nhw glywed ei grynodeb huawdl o hanes cynnar Prydain. A phan gaiff ei herio gan bennaeth o blith y Saeson, mae Dewi'n barod amdano:

Then with full Force, he the pois'd Jav'lin threw,
And certain of the Mark it whizzing flew:
Full in his gaping Mouth the Weapon sped,
And nail'd his venom'd Tongue up to his Head…

Go brin y byddai Rhygyfarch yn barod i arddel y Dewi hwn! Trechir y Sacsoniaid yn llwyr:

Whole Ranks mow'd down together load the Plain,
And on, the *Britons* climb o'er Hills of Slain…

Mae'r Cymry'n codi'r cennin y bu'r Saeson yn eu gwisgo, a'u chwifio fel arwydd o'u buddugoliaeth, a daw'r nos i bawb gael cysgu. Yn ei gwsg mae Dewi'n cael cyfres o weledigaethau sy'n dangos iddo ddyfodol y Cymry a'r Saeson, nes i'r wlad gael ei bendithio gan frenin o'r Almaen. Yn sgil hynny daw rhyddid; bydd masnach a brawdgarwch yn ffynnu, a thywysoges, sef Caroline o Ansbach, tywysoges Cymru, wedi cael ei geni. Bydd gogoniant Dydd Gŵyl Ddewi yn sefyll am byth:

This Day, that still its David's Name shall bear,
And LEEKS adorn in each revolving Year!

Mae'n debyg bod Griffith yn gyfarwydd â hanes y Saith Pencampwr, ond mae'r gwahaniaethau'n ddiddorol. Mae'n od iddo ddweud mai'r Saeson oedd yn gwisgo cennin ar ddechrau'r ornest, ond mae'r bardd fel petai'n pwysleisio statws y genhinen fel arwydd o fuddugoliaeth. Mae'n gerdd hynod ddifyr, ac mae llawer mwy o werth ei hatgyfodi na rhyddiaith glogyrnaidd Richard Johnson. Ond mae yna fwy i'r gerdd nag sy'n amlwg ar yr olwg gyntaf.

THE
L E E K.
A
P O E M
ON
St DAVID's DAY.

Moſt Humbly Inſcrib'd to the Honourable

SOCIETY of *ANTIENT BRITONS,*
Eſtabliſh'd in Honour of Her ROYAL HIGHNESS's
Birth-Day, and the Principality of WALES.

By *N. GRIFFITH,* Eſq;

Pan fo ſôn am Ddigoniant,
Dy roi'n vwch pob Dewr a wnant !   *Tudur Penllyn.*

L O N D O N :
Printed by W. WILKINS, for W. HINCHLIFFE, aʄ *Dryden's*
Head under the *Royal-Exchange.* MDCCXVII.

Wynebddalen *The Leek*, Nathaniel Griffith, 1717.

11

Dewi'r Sant
Seciwlar a'i Ŵyl

Nid rhyw ffug-hanes ffuantus yw *The Leek*, ond alegori gwleidyddol difyr. I ddeall hynny, rhaid edrych ar wleidyddiaeth Prydain ar ddechrau'r ddeunawfed ganrif. Y Frenhines Anne oedd yr olaf o'r Stiwartiaid i wisgo'r goron. Roedd perthnasau iddi'n awyddus i'w holynu, a'r pennaf ohonynt oedd James Stiwart, hanner-brawd i Anne, oedd wedi cael ei goroni yn Ffrainc fel James III. Ond Pabydd oedd e, a Senedd Llundain wedi deddfu na fedrai Pabydd etifeddu'r orsedd byth. Y Protestant agosaf i Anne adeg ei marwolaeth yn 1714 oedd George o Hanofer, gor-ŵyr i'r brenin James I ac Almaenwr na fedrai siarad Saesneg. Roedd gwleidyddion wedi'u rhannu'n ddwy garfan – y rhai oedd yn llywodraethu yn enw Anne, sef y Torïaid, a'r rhai oedd yn edrych ymlaen at gefnogi George, sef y Chwigiaid. Yn Ffrainc roedd James yn paratoi cyrch i hawlio'r orsedd, ac yn gobeithio cael cefnogaeth helaeth.

Canodd Richard Morris farwnad i'r Frenhines Caroline pan fu farw yn 1737. Roedd hi'n hynod boblogaidd, ac mae'n deyrnged ddidwyll iddi, ac yn ei chysylltu â Gŵyl Ddewi, sef ei phen-blwydd:

O Dduw, am ein Gŵyl Ddewi!
Y Dydd hwn oedd ei Dydd hi,
Penodol siriol Seren
Duw, a Haul ein Dewi hen.
Gwych oedd yn Llundain y gwawl,
Gan hynny yn genhinawl,
Mewn man yr hen Frutaniaid,
Yn dorfoedd, gantoedd a gai,
Yn yfed Medd, a gwledda,
Glân Gymdeithion, dynion da...

Roedd boneddigion Cymru hefyd wedi ymrannu rhwng y Chwigiaid a'r Torïaid. Ymhlith cefnogwyr George a'r olyniaeth Hanoferaidd roedd dau fân fonheddwr. Un oedd Thomas Jones, dyn na wyddom ryw lawer amdano, a'r llall oedd Nathaniel Griffith, awdur *The Leek*. Gwelai Thomas Jones gyfle i ddylanwadu ar Gymry Llundain o blaid y drefn newydd. Trwy ddamwain, megis, roedd y teitl 'Tywysog Cymru' wedi bod heb ddeiliad ers 1649, oherwydd bu Charles II heb fab, roedd James II wedi ffoi o'r wlad ac roedd William mab Anne wedi marw yn 11 oed heb dderbyn y teitl. Ond gydag olyniaeth George I, roedd Tywysog Cymru ar gael, sef ei fab, George, oedd yn briod â Caroline o Ansbach. Rhaid felly oedd listio'r Cymry o blaid y tywysog newydd.

Dyma ble mae *The Leek* yn berthnasol. Mae Griffith yn enwi arweinwyr pwysicaf 'byddin Dewi', gan gynnwys Tredegar, Audoen, Vauganus a Merig. Prin bod y ffugenwau'n cuddio Chwigiaid mwyaf blaenllaw y Gymru gyfoes, sef John Morgan o Dredegar, Arthur Owen o Orielton, John Vaughan, arglwydd Lisburne o Geredigion, ac Owen Meyrick o Fodorgan, Môn. Mae'r wynebddalen yn gwneud y pwynt yn ddigon amlwg, gyda'r cyflwyniad i'r Honourable Society of Antient Britons, a sefydlwyd er mwyn anrhydeddu dydd pen-blwydd Caroline, sef Mawrth y 1af.

Thomas Jones oedd enw sylfaenydd cyntaf Cymdeithas yr Hen Frythoniaid. Ni wyddom lawer amdano ond roedd yn selog o blaid y teulu brenhinol newydd. Yn ystod gwanwyn 1715 cyhoeddodd hysbyseb yn y *London Gazette* yn dweud y byddai'r Parch. George Lewis yn pregethu 'in the Antient British tongue' yn eglwys St Paul, Covent Garden, ar Ddydd Gŵyl Ddewi. Byddai cinio'n dilyn yn Neuadd y Dilledyddion.

Mae'n bur debyg nad dyna'r tro cyntaf i bregeth Dydd Gŵyl Ddewi gael ei thraddodi yn Llundain, ond ni lwyddais i gael hyd i unrhyw fanylion. Gwyddom fod pregethau Gŵyl Ddewi wedi cael eu traddodi yn Nulyn, oedd ar y pryd yn rhyw fath o brifddinas i Wynedd. Yn 1704 roedd *A discourse in praise of St David, the Saint and patron of the Welsh* wedi ymddangos. Ond roedd Thomas Jones yn fwy uchelgeisiol.

Wedi'r cinio yn Neuadd y Dilledyddion, sefydlwyd y gymdeithas newydd, *The Most Honourable and Loyal Society of Antient Britons*. Penderfynodd yr aelodau wahodd George, Tywysog Cymru, i fod yn llywydd.

Etholwyd nifer o Gymry a Saeson blaenllaw yn stiwardiaid y Gymdeithas.

Erbyn 1716 roedd yr Hen Frythoniaid wedi cyflwyno Anerchiad Teyrngar i'r brenin, a chafodd Thomas Jones ei urddo'n farchog am ei drafferth. Yn 1717 fe gyhoeddodd Jones lyfryn:

> The Rise and Progress of the Most Honourable and Loyal Society of Antient Britons, established In Honour to Her Royal Highness's Birth-Day, and the Principality of Wales, on St. David's Day, the First of March, 1714–15. By Sir Thomas Jones, Kt, Treasurer and Secretary to the said Society. In a Letter to his Countrymen of the Principality of Wales. London, W. Wilkins, for W. Taylor, 1717.

Mae'n ddogfen hynod: yn daer o blaid yr Hanoferiaid, yn gryf o blaid i'r Cymry fod yn fwy parchus ac uchelgeisiol, ac yn dymuno codi arian er budd Cymry tlawd. Yn 1715 noddwyd dau Gymro fel prentisiaid, ond aeth yr aelodau ymlaen yn 1718 i sefydlu'r Ysgol Gymreig, a barhaodd ar ffurfiau gwahanol, yn gyntaf yn Llundain ac wedyn yn Ashford, tan 2009.

Roedd sefydlu Cymdeithas yr Hen Frythoniaid yn gam pwysig ymlaen yn hanes y Cymry alltud, ac yn wir i hanes Cymru. Dyma'r gymdeithas genedlaethol Gymreig gyntaf o unrhyw fath. Rhaid aros tan 1751 i weld sefydlu'r Cymmrodorion, a hyd 1792 i sefydlu Gorsedd y Beirdd. Mae'n wir nad oedd yr Hen Frythoniaid yn cyfarfod ond unwaith y flwyddyn, ond parhaodd eu gweithgareddau gwreiddiol – pregeth, cinio, elusennau – am ddau gan mlynedd a mwy.

*

O hynny ymlaen bu cynnydd araf ym mharodrwydd y Cymry i gydnabod eu cenedligrwydd ac anrhydeddu eu nawddsant. Argraffwyd nifer o'r pregethau blynyddol a gomisiynwyd gan yr Hen Frythoniaid: yn 1716, 1717, 1721, 1723, 1728, 1731 ac 1754 (traddodwyd y bregeth olaf hon ym Mryste), ac eraill yn ddiau. Disgrifiodd Richard Morris yr achlysur yn Llundain yn 1728:

> St. David's Day was observ'd here with great ceremony, the sermon was preach'd in English by Mr. John Morgan and the prayers in British by Mr. Phillips, at St. Clement's Danes… The 12 stewards and the Society walk'd in procession to Merchant Taylor's Hall where they din'd, consisting of about a thousand people, Welsh and English, and made a handsome collection for the Charity Children descended from British parents which they keep.

Mae'r *Times* yn cofnodi nifer o'r troeon y bu'r Gymdeithas yn ciniawa ac yn codi arian ar gyfer Ysgol y Gymdeithas. Wedi cyfres o gyfarfodydd Gŵyl Ddewi o 1922 hyd 1929, mae'n ymddangos bod y Gymdeithas wedi edwino. Serch hynny, roedd cinio yn 1957 gan y Gymdeithas i ddathlu symud yr Ysgol Gymreig i Ashford gan mlynedd yn gynharach, ac yn 1964 hysbysebodd y Gymdeithas am drysorydd i'r Ysgol. Ond erbyn 2009 roedd holl fenter yr Hen Frythoniaid a'u hysgol wedi dod i ben. Claddwyd y cyfan lle cychwynnodd, dri chan mlynedd yn ddiweddarach, pan gynhaliodd nifer o Gymry Llundain wasanaeth yn Eglwys St Paul, Covent Garden, ar 1 Mawrth 2015 i gofio'r cychwyn.

Nac anghofiwn chwaith fod enw Dewi wedi dechrau

ymsefydlu dros yr Iwerydd. Yn 1729 roedd nifer o Gymry yn Philadelphia wedi dod ynghyd i ffurfio The Welsh Society of Philadelphia. Hi bellach yw'r gymdeithas Gymreig hynaf yn y byd. Y nod yn wreiddiol oedd bod yn gymorth i Gymry tlawd y ddinas. Roedd nifer sylweddol o Gymry Ymneilltuol (Crynwyr, Bedyddwyr, Annibynwyr) wedi ymfudo yno o 1680 ymlaen. Ond nod arall y gymdeithas oedd dathlu Gŵyl Ddewi, ac y mae'r aelodau'n dal i wneud hynny hyd heddiw mewn gwasanaeth a gwledd.

Yn ôl yn Llundain, ni ddisodlwyd yr Hen Frythoniaid yn 1751 pan ffurfiwyd Cymdeithas Anrhydeddus y Cymmrodorion gyntaf. Ond roedd y gymdeithas newydd yn fwy uchelgeisiol, yn enwedig yn nifer y cyfarfodydd a'r bwriadau i gyhoeddi llenyddiaeth Gymraeg, er bod y sylfaenwyr yn dymuno gwneud llawer mwy nag yr oedd modd. Roedd y prif sylfaenydd, Richard Morris, yr un mor barod i feddwi'n ulw ar Ddydd Gŵyl Ddewi ag yr oedd aelodau llawer llai diwylliedig nag yntau.

Does dim gwell mynegiant o deyrngarwch Cymro unigol i Ddydd Gŵyl Ddewi na cherdd gan David neu Ddafydd Samwell, a ddaeth yn ysgrifennydd y Gwyneddigion yn 1788. Yn 1776 aeth ar fordaith olaf Captain James Cook i'r Môr Tawel, ac ar Fawrth y 1af canodd benillion i anrhydeddu'r diwrnod:

Daw Cân a Llawenydd un galon ai gilydd
I gadw Gŵyl Ddafydd yn hylwydd o hyd
Eisteddant mewn cornel, heb sôn am ymadel,
Drwy'r nôs efo Samwel heb symmyd.

Mae'n galw i gof ei gyfeillion yn y Gwyneddigion, ac yn sylwi ei fod yn dathlu'r un diwrnod â nhw, ond ddeuddeg awr yn gynharach am ei fod yn hwylio ar y Môr Tawel.

Rywbryd yn y ddeunawfed ganrif, os nad cynt, fe gafodd Dydd Gŵyl Ddewi statws seciwlar cyffredinol. Un peth yw gweld yr ŵyl yn ymddangos yn *Almanac* Thomas Jones ar gyfer 1711, gyda nifer o seintiau Cymreig eraill. Peth pwysicach o lawer yw i'r ŵyl gael ei rhestru yn y *Court and City Register* (Llundain) ar gyfer 1762, sy'n cynnwys rhestr o holl wyliau blynyddol y wlad. Ceir gwyliau yn y rhestr sy'n ymwneud â'r frenhiniaeth (dienyddiad Charles I, geni George III ac yn y blaen). Ceir gwyliau eraill i gofio digwyddiadau seciwlar (Tân Llundain, Cynllwyn Guto Ffowc). Gwyliau crefyddol yw'r gweddill (rhai o'r Apostolion, Pasg, yr Holl Saint, ac ymlaen).

Yno hefyd yn y rhestr mae Gŵyl Dewi Sant, yr unig nawddsant cenedlaethol yn y rhestr; does neb na dim i gynrychioli Lloegr, Iwerddon na'r Alban. Rhaid deall bod Gŵyl Ddewi'n perthyn i'r ail reng o wyliau – gyda Thân Llundain, pen-blwydd Dug Cumberland ac ychydig o wyliau eraill nad oedd dim cydnabyddiaeth iddyn nhw ym mhrif swyddfeydd y Llywodraeth na'r cwmnïau ariannol mwyaf.

Roedd cofnodion dathliadau yng Nghymru cyn 1800 yn brin, yn bennaf am nad oedd papurau newydd Cymreig i'w cofnodi. Y papur cyntaf yng Nghymru oedd *The Cambrian* yn Abertawe; ynddo cawn adroddiad, yn 1806, fod y Royal Glamorgan Militia wedi ciniawa dros Ddewi; yn 1810 roedd boneddigion Llandeilo yn cynnal *Ball* Dewi Sant; yn 1812 roedd dathliadau yn Aberystwyth; yn 1820 roedd ciniawau yn nifer o westai Abertawe, ac yn 1823 roedd Cymreigyddion Abertawe yn dathlu. Mae'n amlwg oddi wrth *The Cambrian* a'r nifer cynyddol o bapurau newydd fod dathlu Dydd Gŵyl Ddewi wedi bod yn digwydd yng Nghymru cyn 1800, a bod yr arfer wedi lledaenu ar draws y wlad. Bu'r dathliadau hyn yn esgus weithiau i godi dadleuon ynghylch dadsefydlu Eglwys Loegr yng Nghymru, ac yr oedd rhai Ymneilltuwyr yn amheus o wreiddiau Catholig y sant.

Ond roedd pob cymdeithas, boed yn Gymmrodorion, yn Gymreigyddion neu'n Gambrian, yn dilyn esiampl yr *Antient Britons* trwy gynnal cinio blynyddol ar Fawrth y 1af neu'n agos at y dyddiad hwnnw, yn aml gyda chyngerdd. Roedd dathlu'r sant yn esgus i niferoedd o feirdd eithriadol o sâl weld eu cancuon yn y papurau lleol. Ond hyd nes i ymchwil fanwl ddatguddio'r ystadegau, mae'n anodd gwybod sut i fesur llanw a thrai'r dathliadau hyn cyn ac ar ôl y Rhyfel Byd Cyntaf.

Gwelsom eisoes fod cydnabyddiaeth o Ddewi Sant wedi croesi Môr Iwerydd yn sgil y don gyntaf o ymfudwyr Cymreig. Erbyn y bedwaredd ganrif ar bymtheg a'r ugeinfed ganrif roedd Dewi'n dilyn tyfiant yr Ymerodraeth Brydeinig, ac yn cynyddu mewn pwysigrwydd yn Unol Daleithiau America. Mae safleoedd gwe yn rhestru Cymdeithasau Dewi Sant o Lackawanna County (Pennsylvania) i Brisbane, o Utica i Singapore, Taiwan a Hong Kong. Ychwanegwch atynt bob Cymmrodorion, Cambrian Society a chôr Cymraeg ac mae dathlu Dewi Sant yn dal yn ffenomenon byd-eang yn yr unfed ganrif ar hugain.

Gwedd arall eto ar bresenoldeb Dewi yn y byd modern yw'r holl sefydliadau a enwyd ar ei ôl byth ers 1800, yn ychwanegol at y cymdeithasau Cymreig. Roedd ymwybyddiaeth o'r sant yn ddigon i sicrhau bod y coleg a agorwyd yn Llanbedr Pont Steffan yn 1827 yn dwyn enw Dewi, fel y mae'n dal i wneud heddiw, sef Prifysgol Cymru y Drindod Dewi Sant. Un o'r cyntaf o nifer o ysbytai'r sant oedd Ysbyty Dewi Sant, Caerfyrddin (1865 – ond ailenwyd ef yn 1929); mae gan Gaerfyrddin Barc Dewi Sant hefyd. Agorwyd Wyrcws Caerdydd yn 1839, ond yn 1948 fe ddaeth yn Ysbyty Dewi Sant; caeodd tua 2000.

Erbyn heddiw mae pob math o sefydliadau a chwmnïau'n defnyddio enw'r sant. Un o'r hynaf yw'r St David's Club yn Aberystwyth, sy'n honni mai 1770 oedd blwyddyn ei sefydlu fel clwb i foneddigion. Mae Cymdeithas Dewi Sant yn Nhrelew, Patagonia, yn dal yn weithredol yn ei phencadlys ei hun. I gymryd enghreifftiau eraill ar hap, mae ysgol uwchradd breifat, gwesty crand, canolfan siopa a neuadd gyngerdd yng Nghaerdydd, canolfan fusnes yn y Drenewydd a chanolfannau iechyd yn Minneapolis oll yn enw Dewi. Mae St David's Square yn Tower Hamlets, Llundain. Mae'r Seiri Rhyddion yn enwi eu mannau cyfarfod yn Berwick-upon-Tweed a hyd yn oed yn Tarbolton, lle roedd Robert Burns yn aelod, ar ôl Dewi! Gellid dilyn y trywydd hwn o gwmpas y byd.

*

Yn y cyfamser, roedd Dewi'n rhan o'r deffroad ysgolheictod a flodeuodd trwy Ewrop yn y bedwaredd ganrif ar bymtheg. Cododd diddordeb yn hanes Dewi Sant yn sgil agor Coleg Dewi Sant yn Llanbedr Pont Steffan yn 1827, a'r offeiriad Rice Rees yn ddarlithydd Cymraeg yno. Yn 1836 cyhoeddodd Rees *An Essay on the Welsh Saints*, gyda thrafodaeth werthfawr ar Ddewi. Cyhoeddodd y lleygwr W. J. Rees waith Rhygyfarch yn *Lives of the Cambro-British Saints* yn 1853, yn cynnwys testun Lladin gwaith Rhygyfarch gyda chyfieithiad, a hefyd gopi o'r *Buchedd Dewi* Cymraeg. Argraffwyd testun y *Vita* Lladin o waith Gerallt Gymro gan J. S. Brewer yn *Giraldi Cambrensis Opera*, iii (1863). Golygwyd testun Gerallt gan Trevor Bowen Jones mewn traethawd MA (Caerdydd, 1934), ond erys heb ei gyhoeddi.

Yr ymgais gyntaf i wneud astudiaeth estynedig o Ddewi oedd eiddo John O'Hanlon, *The Life of St. David, Archbishop of Menevia, chief patron of Wales...* (Dublin, 1869). O ystyried ei gyfnod mae'n waith da, yn crynhoi gwaith Rhygyfarch gyda gwybodaeth fanwl o'r ffynonellau canoloesol. Gwaetha'r modd, er holl obeithion yr awdur, mae'n debyg nad oedd yn llwyddiant, er ei fod yn haeddu bod. Dyna pam mae copïau mor brin, mae'n debyg – a dim copi o gwbl yn Llyfrgell Genedlaethol Cymru na'r Llyfrgell Brydeinig heblaw copi *microfiche* yn yr olaf, a hwnnw a ddarllenais.

Cyhoeddwyd yr ymgais gyntaf i olygu'r fersiwn hir o waith Rhygyfarch yn *Y Cymmrodor* (1910) gan y clerigwr A. W. Wade-Evans, gyda chyfieithiad. Argraffwyd mwy o gopïau o'r erthygl nag oedd angen i'r *Cymmrodor*, a'u rhwymo'n gyfrol dan y teitl *St. David, Archbishop, Patron of Wales* (Stow-on-the-Wold, 1914). Yn 1923 cyhoeddodd Wade-Evans ei gyfieithiad Saesneg o Ladin Rhygyfarch gyda nodiadau, dan y teitl *The Life of St. David* (SPCK, 1923). Mae'n fersiwn ddiddorol, yn cynnwys nifer o ddyfyniadau o fucheddau seintiau eraill sy'n enwi Dewi. Ailgyhoeddodd Wade-Evans y testun Lladin heb gyfieithiad yn *Vitae Sanctorum Britanniae et Genealogiae* (1944; ailargraffiad dan deitl Saesneg, 2004). Y Canon J. W. James gymerodd y cam nesaf: credai fod Wade-Evans ac eraill yn crwydro wrth ddibynnu ar fersiwn hir gwaith Rhygyfarch. Dewisodd y fersiwn fer, a'i golygu dan y teitl *Rhigyfarch's Life of St. David* yn 1967.

Roedd testun cywir o'r *Buchedd* Cymraeg wedi ymddangos yng nghopi John Morris-Jones a John Rhŷs o *Lyfr Ancr Llanddewibrefi* (1894). Ond bu'n rhaid disgwyl yn hir cyn i D. Simon Evans gyhoeddi golygiad ohono yn Gymraeg (1959) ac yn Saesneg (1988). O ran astudiaethau o fywyd Dewi, y mannau cychwyn oedd gwaith Rice Rees ac wedyn *The Lives of the British Saints* gan y clerigwyr S. Baring-Gould a J. Fisher (cyfrol 2, 1908). Yn 1923 cyhoeddodd A. W. Wade-Evans *The Life of St David*, a drafodir uchod – cyfrol oedd hefyd yn cynnwys nodiadau defnyddiol. Ond roedd syniadau Wade-Evans am ddyddiadau Dewi yn hollol gyfeiliornus.

Daeth cyfnod newydd gyda gweithiau'r daearyddwr Emrys Bowen, *Settlements of the Celtic Saints in Wales* (1954) a *Saints, Seaways and Settlements* (1960).

Gwnaeth David Dumville gyfraniad pwysig mewn darlith, *Saint David of Wales*, a gyhoeddwyd yn 2001. Yn 2007 ymddangosodd y gyfrol y mae'r astudiaeth hon yn ddyledus iddi, *Saint David and St Davids* (J. Wyn Evans a Jonathan Wooding), yn cynnwys golygiad newydd a chyfieithiad o'r fersiwn hir o waith Rhygyfarch, a phenodau awdurdodol ar lu o agweddau ar hanes Dewi.

*

A dyna ddiwedd yr ymgais hon, heblaw am yr Atodiadau a'r Llyfryddiaeth sy'n dilyn, i grynhoi Dewi Sant o fewn cyfrol fer, hwylus. Dyma'r briwsion a wyddom am y sant yn ei oes, dyma grynodeb o hanes Dewi yn yr oesoedd a ddaeth ar ei ôl. Yn chwedloniaeth Groeg, un o dduwiau'r môr oedd Protews, a allai – fel y môr – newid ei ymddangosiad fel na fyddai byth yr un fath. Ffigur Proteaidd felly yw Dewi: yn fynach ac abad, yn offeiriad ac archesgob, yn llwyrymwrthodwr, yn llysieuwr, yn weithiwr gwyrthiau, yn arweinydd mewn rhyfel, yn ddyn priod, yn ysbrydolwr beirdd ac artistiaid, yn Gatholig a hyd yn oed yn Brotestant o fath – ac yn noddwr cenedl am fil a rhagor o flynyddoedd.

Atodiad 1:
Eglwysi Dewi Sant

W rth i Gymry ddathlu Dewi'r arwr seciwlar mewn cymdeithasau a sefydliadau o bob math, sylfaen weladwy ei enwogrwydd oedd y cannoedd o eglwysi a sefydlwyd yn ei enw. Amcan yr atodiad hwn yw rhoi syniad o ledaeniad ei enw trwy gyflwyno eglwysi iddo, yn gyntaf yn yr Oesoedd Canol, ac yn ddiweddarach ar draws Gogledd America, Awstralasia a rhannau eraill o'r byd. Mae'r pwnc yn anodd, oherwydd nid Dewi yw pob David!

Dechreuwn trwy drafod eglwysi Dewi a sefydlwyd cyn y Diwygiad Protestannaidd. Ceir yr eglwysi cynnar hyn yng Nghymru, Lloegr, Iwerddon a Llydaw. Yn Lloegr mae'r eglwysi hyn yn gyfyngedig i orllewin y wlad, gydag un eithriad trawiadol – eglwys Dewi Sant yn Airmyn, Swydd Efrog. Codwyd yr eglwys bresennol yn 1676 i gymryd lle eglwys gynharach a adeiladwyd yn 1311: roedd yn eglwys Dewi o'r cychwyn – ni ŵyr neb beth oedd yr amgylchiadau gwreiddiol. Ond mae'r eglwys bresennol yn cynnwys ffigur plastr o golomen yn uchel yn nhrawstiau'r nenfwd, sy'n dyst i wybodaeth am Ddewi Sant: mae pob cerflun o Ddewi yn dangos colomen. Mae ffenestr liw a osodwyd i gofio am ddyn lleol a fu farw yn Rhyfel De Affrica yn cynnwys y seintiau Siôr a Dewi gyda'i gilydd.

Dyma restr o eglwysi a sefydlwyd cyn 1550 a gyflwynwyd yn enw Dewi. Mae'n cynnwys nifer o gapeli anwes na fuont yn eglwysi plwyf. Diau bod nifer o gapeli felly wedi diflannu'n llwyr erbyn heddiw.

Sir Benfro

Tyddewi, Breudeth, Eglwys-wen, Llantydewi, Hubberston, Prendergast, Llanllawern, Llanychlwydog, Llanychâr, Bridell, Maenordeifi

Ceredigion

Bangor Teifi, Henllan, Blaen-porth, Capel Dewi (Llandysul), Llanddewibrefi, Llannarth, Henfynyw, Llanddewi Aber-arth, Blaenpennal

Sir Gaerfyrddin

Llanddewi Felffre, Henllan Amgoed, Meidrim, Abergwili, Capel Dewi (Llwynhendy), Betws (Rhydaman), Llanarthne, Capel Dewi (Llandeilo), Llancrwys, Llangadog

Brycheiniog

Llywel, Trallong (ar Wysg), Llan-faes, Llanddew, Garthbrengi, Llanddewi Abergwesyn, Llanwrtyd, Llanddewi Llwyn-y-fynwent, Llanynys, Llanddewi Maesmynys, Llanddewi'r Cwm

Maesyfed

Cregrina, Glascwm, Colfa, Rhiwlen, Llanddewi Fach, Llanddewi Ystrad Enni, Llanddewi Heiob, Llanddewi'n Hwytyn

Morgannwg

Llanddewi Fach (Gŵyr), Llangyfelach, Trelales, Llanddewi

Mynwy

Llanddewi Rhydderch, Llanddewi Ysgyrryd, Llangyfiw, Llanddewi Nant Hodni, Trostre

Swydd Henffordd

Llanddewi Cilbeddeg (Kilpeck), Much Dewchurch, Little Dewchurch

Gwlad yr Haf

Barton St David's

Swydd Caerloyw

Moreton-in-Marsh

Dyfnaint

Caerwysg, Thelbridge, Ashprington

Cernyw

Davidstow (Cysylltir enw Dewi â llefydd eraill yng Nghernyw megis Praa Sands a Perran Sands.)

Swydd Efrog

Airmyn

Llydaw

Dirinon, Saint-Divy (gw. pennod 8)

Iwerddon

Naas, Kilsallaghan, Siddan, Ardnercher (gw. pennod 8)

Y cymorth gorau i adnabod eglwysi Dewi, y rhai hanesyddol a'r rhai a sefydlwyd ers 1800, ar draws y byd yw rhestr a luniwyd gan ddeoniaid Tyddewi: yn anffodus nid yw ar-lein. Mae gweddïau dyddiol y gadeirlan yn enwi eglwys wahanol bob dydd o'r flwyddyn. Mae'r rhestr felly'n cynnwys 365 o eglwysi hen a newydd. Heblaw eglwysi Anglicanaidd, mae cynrychiolaeth o Eglwys Rufain, yr Eglwys Uniongred, yr Eglwys Ddiwygiedig Unedig (URC), Eglwys Bresbyteraidd Cymru, y Bedyddwyr, y Methodistiaid ac enwadau eraill. Ceir yr eglwysi hyn yng Nghymru (136), Unol Daleithiau America (85), Canada (48), Lloegr (36), Awstralia (21), Seland Newydd (11), Ynysoedd y Caribî (10), Iwerddon (11), Papua Gini Newydd (3) ac Ynysoedd y Philipinau (1). Dyw eglwysi Divy yn Llydaw ddim ar y rhestr, sy'n drueni.

Mae ambell gyflwyniad dan yr enw 'David' yn od. Mae ychydig o eglwysi yn yr Unol Daleithiau fel petaent yn cymysgu'r David Cymreig â'r brenin Dafydd o'r Hen Destament, ac mae un eglwys o leiaf yn yr Alban yn credu bod y brenin David I o'r Alban yn sant, ac yn haeddu ei anrhydeddu. Achos diddorol yw Eglwys Gadeiriol Dewi Sant, Hobart, Tasmania. Dewisodd sylfaenwyr yr eglwys wreiddiol enw nawddsant Cymru, nid oherwydd unrhyw gysylltiad personol â Chymru, ond er mwyn anrhydeddu'r Is-Gyrnol David Collins, llywodraethwr cyntaf yr ynys. Tair eglwys gadeiriol sydd wedi eu cyflwyno i Ddewi: cadeirlan Tyddewi, yr eglwys gadeiriol Babyddol yng Nghaerdydd ac eglwys gadeiriol Hobart.

Atodiad 2:
Crynodeb o
Vita Sancti David

1–2 (y rhifau yw'r penodau yng ngwaith Rhygyfarch). Cyhoeddodd Duw ddyfodiad Dewi cyn ei eni. Mynegodd angel i Sant, brenin Ceredigion, y dylai fynd i hela yn Nyffryn Teifi, a dod o hyd i dair rhodd fyddai'n rhagfynegi doniau'r mab a fyddai'n cael ei eni iddo. Byddai'r mab yn ddoeth, yn ymatal rhag diod feddwol, yn cael ei adnabod wrth y teitl 'Dyfrwr', a byddai'n trechu grym y diafol trwy ei fywyd rhinweddol a gweddigar.

3. Daeth Padrig, esgob daionus, i Ddyfed, a dewis Glyn Rhosin yn drigfan iddo. Ond dywedodd angel wrtho fod yn rhaid iddo ildio'r wlad i ddyn a gâi ei eni ymhen deng mlynedd ar hugain. Digalonnodd Padrig, ond dywedodd yr angel wrtho y byddai'n cyhoeddi'r Efengyl trwy Iwerddon oll, a dangosodd yr ynys iddo. Hwyliodd Padrig o Borth Mawr ar ei genhadaeth.

4–5. Daeth Sant o Geredigion i Ddyfed, a gweld lleian brydferth, Non. Treisiodd hi, a chenhedlwyd plentyn. Oherwydd ei bod hi'n feichiog, ni fedrai Gildas lefaru gair pan ddeuai Non i'r offeren: rhaid oedd iddi aros y tu allan. Cydnabu Gildas y byddai mab Non yn fwy nag yntau mewn gras a grym, am fod Duw wedi rhoi iddo'r flaenoriaeth dros holl seintiau Cymru.

6–11. Dymunai gormeswr lleol dienw ladd baban Non wrth iddo gael ei eni, ond daeth storom enbyd i'w chuddio yn ei gwewyr esgor, a hithau mewn llecyn tawel o heulwen. Yn ei phoen, cydiodd mewn carreg, a thorrodd honno mewn cydymdeimlad â hi. Adeiladwyd eglwys yn y lle hwnnw. Pan ddaeth Ailbe, esgob Munster, i fedyddio'r plentyn, tarddodd ffynnon yn y fan. Iachawyd dyn dall, Mobi, gyda dŵr y bedyddio. Cafodd Dewi ei addysgu mewn lle o'r enw yr Hen Lwyn. Bu'n byw'n ddiwair, a chafodd ei urddo'n offeiriad. Wedyn aeth i le arall, at yr ysgolhaig Peulin, a fu'n ddisgybl gynt i Garmon Sant. Treuliodd flynyddoedd yn darllen y Beibl, ac iachaodd Peulin pan aeth hwnnw'n ddall.

12–19. Cafodd Dewi orchymyn i elwa ar ei addysg trwy genhadu. Heblaw glanhau ffynnon boeth Caerfaddon, sefydlodd fynachlogydd yn Ynys Wydrin (Glastonbury), Crowland (Swydd Lincoln), Repton (Swydd Derby), Colfa a Glascwm (y ddau ym Mhowys), Llanllieni (Leominster), Rhaglan (Gwent) a Llangyfelach (Morgannwg), cyn dychwelyd i'r Hen Lwyn. Cafodd weledigaeth, a deallodd na ddylai aros yno mwyach, ac y dylai symud i le mwy bendithiol. Felly, aeth Dewi gyda thri disgybl i Lyn Rhosin (Hoddnant ar dafodleferydd), a chynnau tân yno. Gwelodd rhyfelwr o'r enw Baia fod perygl mawr yng Nglyn Rhosin. Anogodd ei wraig ef i ladd Dewi a'i ddisgyblion, ond ni fedrai. Wrth ddychwelyd adref, darganfu Baia fod ei holl wartheg a'i ddefaid wedi marw. Felly, aeth Baia eto a gofyn am faddeuant gan Ddewi, a rhoi Glyn Rhosin iddo am byth. Ceisiodd ei wraig lygru Dewi a'i ddisgyblion trwy yrru ei morynion i ddinoethi o'u blaen, ond methiant fu'r ymdrech. O'r diwedd bu farw'r ddau ddrwg.

20–22. Wedi i Dduw drechu gelynion Dewi, sefydlodd y gymuned fynachlog enwog. Mynnai Dewi fod pawb yn ymddisgyblu i weithio'n galed; rhoddent yr iau ar eu hysgwyddau i aredig heb ychen, gweithient gyda phâl a rhaw, hof a llif, er mwyn eu cynhaliaeth. Dirmygent eiddo a chyfoeth, a gweithient yn ddistaw a gweddigar.

23–32. Ar ôl gorffen gwaith y dydd, astudient yn dawel nes clywed y gloch yn eu galw i'r eglwys, a byddent yn canu salmau yno. Byddent yn byw'n gymhedrol ar fara a llysiau. Byddai'r cleifion a'r hynafiaid yn cael bwyd mwy blasus. Wedi rhoi diolch, yn ôl yr elent i'r eglwys, cyn cysgu hyd ganiad y ceiliog. Dewi oedd eu cyffeswr, a hwythau'n ufudd iddo ymhob dim. Doedd ganddyn nhw ddim eiddo personol: crwyn anifeiliaid oedd eu dillad. Rhaid oedd i newyddian ddod fel petai'n noeth, a chael mynediad ar ôl sefyll am ddeng niwrnod y tu allan i borth y fynachlog. Byddai Dewi ei hun yn gweddïo'n barhaus, yn ymgynghori â'r angylion, ac yn ymgadw'n bur rhag chwantau'r cnawd. Byddai'n gweini ei hun ar yr amddifaid, y gweddwon, y cleifion, yr anghenus a'r pererinion, gan efelychu mynachod yr Aifft.

33–41. Gwnaeth Dewi liaws o wyrthiau. Gweddïodd i gael ffynnon ddŵr i ddiwallu angen y fynachlog, ac i roi gwin ar gyfer dathlu'r offeren. Sicrhaodd ffynnon arall ar gyfer ffermwr yr oedd ei dir yn sych. Achubodd ei ddisgybl, Aidan, ychen a gambo oedd wedi disgyn i'r môr, cyn mynd i Iwerddon i sefydlu mynachlog yno. Pan glywodd Aidan fod dau o weision Dewi yn paratoi gwenwyn ar ei gyfer, trefnodd i'w rybuddio trwy gymorth goruwchnaturiol. Rhoes Dewi'r bwyd gwenwynig i greaduriaid eraill, a buont farw, ond bwytaodd ohono ei hunan heb unrhyw effaith. Rhoes ei geffyl ei hun i'r ymwelydd, Bairre, i gael dychwelyd i Iwerddon, a marchogodd hwnnw ar draws y môr, gan gyfarfod â Sant Brendan ar gefn morfil cyn cyrraedd yr ynys. Hefyd, fe achubodd Dewi einioes ei ddisgybl, Modomnog, pan ymosodwyd arno.

42–43. Roedd rhan fawr o Iwerddon yn cydnabod Dewi Ddyfrwr, diolch i Aidan. Pan hwyliasai hwnnw i Iwerddon, anghofiodd y gloch fach a roesai Dewi iddo. Pan glywodd Dewi, dywedodd wrth y gloch am fynd at ei meistr, a dyna angel yn ei chludo at Aidan. Roedd Modomnog yn meithrin gwenyn, a'r diwedd fu iddyn nhw ymgartrefu yn Iwerddon, lle na bu gwenyn cyn hynny.

44–48. Aeth Dewi gyda Phadarn a Theilo i Jerusalem. Cafodd Dewi ddawn tafodau fel yr apostolion. Roedd y Patriarch wedi paratoi cadeiriau o'r anrhydedd mwyaf iddyn nhw; eisteddent, a dyrchafodd y Patriarch Ddewi yn archesgob. 'Ewch allan i bregethu i'r Iddewon sy'n ein poeni,' meddai, a dyna'r tri'n ufuddhau, gyda llwyddiant. Wedyn rhoes y Patriarch roddion i Ddewi: allor a chloch wyrthiol, ffon fagl wyrthiol, a chlogyn euraidd. Cafodd y ddau sant arall roddion hefyd, a'r cyfan wedi ei gludo adref gan angylion. Wrth ddychwelyd tua thref, derbyniodd Dewi ei roddion yn Llangyfelach.

49–58. Dyma'r adeg yr adfywiodd heresi Pelagius, er gwaethaf ymdrechion Garmon Sant gynt. Bu'n rhaid cynnal Synod Brefi, a gwadd lliaws o esgobion, abadau, offeiriaid, brenhinoedd, tywysogion a lleygwyr a gwragedd. Cymaint oedd y dorf fel na allai neb glywed y pregethu. Galwodd Peulin arnynt i wahodd Dewi, oedd yn rhy wylaidd i ddod. Bu'n rhaid gyrru Deiniol a Dyfrig i'w hebrwng. Ar ei ffordd i'r Synod cyflawnodd Dewi wyrth wrth atgyfodi dyn ifanc, Magna, o farw'n fyw. Er mwyn i bawb ei glywed, rhoes Dewi glwt ar y llawr a chododd y ddaear odano fel y gallai pawb ei weld a'i glywed. Mae eglwys ar y bryn hwnnw heddiw. Trechwyd yr heresi; roedd pawb yn bendithio Dewi, a gwnaed ei fynachlog yn eglwys archesgobol Prydain gyfan, a'r pennaeth yn archesgob. Cadarnhawyd amodau trefn eglwysig. Yn nes ymlaen cyfarfu synod arall, Synod Buddugoliaeth, i sicrhau y byddai holl eglwysi'r wlad dan drefn awdurdod Rhufain. Roedd adeiladu eglwysi, canu clychau a gweddïo di-baid ym mhob man. Roedd Dewi'r esgob yn cynrychioli popeth da, yn gosod patrwm bywyd i fynachod, i fyfyrwyr, i'r tlodion, i'r amddifaid a'r gweddwon. Roedd yn bennaeth ar y wlad ac yn bob peth i bob dyn. Rhoddai'r holl esgobion rym ac awdurdod arbennig i Ddewi: gallai roi seintwar i bob troseddwr lle bynnag yr oedd tiroedd Dewi. Ef fu'n ben ac arweinydd, ac yn dywysog yr holl bobl Brydeinig, nes cyrraedd 147 oed.

59–63. Derbyniodd Dewi'n llawen y newyddion fod ei fywyd yn dod i ben, gan ddeall y byddai hynny'n digwydd ar Fawrth y 1af. Ond llanwyd pawb arall â thristwch. Meddai Dewi wrthynt, 'Frodyr, byddwch gadarn. Cymerwch arnoch eich iau hyd y diwedd, a chadwch a gwnewch bopeth a welsoch ac a glywsoch gennyf i.' Arhosodd yn yr eglwys hyd ddydd ei farw, yn pregethu wrth bawb. Aeth y newyddion ar led drwy Brydain a Lloegr fod ei einioes yn dod i ben, a daeth dynion sanctaidd o bob cyfeiriad i ymweld â'r tad, a phawb yn galarnadu. Dathlodd Dewi'r offeren ar y Sul â'i ddwylo'n crynu, ac wedi derbyn y bara a'r gwin, dechreuodd glafychu. Meddai wrth bawb, 'Fy mrodyr, daliwch ati yn y pethau yr ydych wedi eu dysgu gen i ac a welsoch ynof. Ddydd Mawrth, y cyntaf o Fawrth, af i ffordd y tadau, felly ffarwél: fe af, ac ni welwch fi mwyach.' Roedd pawb yn galarnadu, yn dymuno y byddai diwedd y byd yn dod. A phan ddaeth dydd Mawrth, daeth Iesu i'w hebrwng i'r nef.

64. Pwy wedyn allai oddef wylo'r dynion sanctaidd, ocheneidio'r meudwyaid, griddfannau'r offeiriad a llefain y disgyblion, y pererinion, y brenhinoedd? Yr oedd pawb yn galarnadu. Claddwyd ei gorff o fewn ei fynachlog, tra bod ei enaid wedi ei goroni yn nhragwyddoldeb.

65–66. Rwyf i, Rhygyfarch, wedi casglu'r ychydig ddeunyddiau hyn o blith llawer i fod yn esiampl i bawb ac yn ogoniant i Ddewi. Cafwyd hyd iddynt ar wasgar yn llawysgrifau hynaf ein gwlad, 'llyfrau hynafol a drylliedig'. Maen nhw wedi goroesi er gwaethaf niwed pryfed a'r holl flynyddoedd. Fy ngobaith yw y bydd pawb sy'n darllen y gwaith yn gweddïo drosof, fel y caf fy nerbyn i'r nef, i edrych ar Dduw hyd dragwyddoldeb. Amen.

Mae testun Rhygyfarch yn gorffen gydag ach Dewi a'r gweddïau hyn:

Gweddïau

Offeren

O Dduw, Ti a ragfynegodd dy gyffeswr bendigaid ac esgob Dewi trwy neges angel i Badrig, gan broffwydo ddeng mlynedd ar hugain cyn ei eni; gweddïwn trwy eiriolaeth yr hwn y dathlwn ei gof, y byddwn yn cyrraedd llawenydd tragwyddol, yn oes oesoedd. Amen.

Cyfrinach

Hollalluog Dduw, wedi Dy gymodi, derbyn yr aberthau moliant a'r gweddïau defosiwn a gynigiwn i Ti er anrhydedd dy gyffeswr bendigaid ac esgob; a bydded i Dy drugaredd a'i eiriolaeth barhaol ef sicrhau i ni'r hyn na all ein haeddiant, trwy Ein Harglwydd Iesu Grist, Amen.

Ôl-gymun

O Arglwydd, a ninnau wedi ein digoni trwy dderbyn y

sagrafen, gweddïwn trwy haeddiannau Dy gyffeswr ac esgob, Dewi Sant, wedi i ni ddathlu ei Ŵyl ogoneddus, y byddwn yn ymwybodol o nawdd Dy drugaredd anhraethadwy, trwy Ein Harglwydd Iesu Grist. Amen.

Llyfryddiaeth

Ian Atherton, 'Commemorating Conflict and the Ancient British Past in Augustan Britain', *Journal for Eighteenth-century Studies*, Cyf. 36, Rhif 3 (2013), 377–93.

S. Baring-Gould a John Fisher, *Lives of the British Saints*, Cyf. II, Llundain, 1908.

Mike Benbough-Jackson, 'St David meets the Victorians', *Journal of Victorian Culture Online*, 22 Chwefror 2013.

Steve Boardman a John Reuben Davies (goln), *Saints' Cults in the Celtic World*, Woodbridge, 2009.

Kathleen Bramley *et al.*, *Gwaith Llywelyn Fardd ac Eraill o Feirdd y Ddeuddegfed Ganrif*, Caerdydd, 1994.

Martin Carver (gol.), *In Search of Cult: Archaeological Investigations in Honour of Philip Rahtz*, Woodbridge, 1993.

T. M. Charles-Edwards, *Wales and the Britons 350–1064*, Rhydychen, 2013.

Bernadette Cunningham a Raymond Gillespie, 'The Cult of St David in Ireland before 1700', yn J. R. Guy a W. G. Neely, *Contrasts and Comparisons: Studies in Irish and Welsh Church History*, Y Trallwng/Dulyn, 1999.

Wendy Davies, *Patterns of Power in Early Wales*, Rhydychen, 1990.

John Reuben Davies, 'The Saints of South Wales and the Welsh Church', yn Thacker a Sharpe, *Local Saints and Local Churches in the Early Medieval West*.

David N. Dumville, *St David of Wales*, Caergrawnt, 2001.

Owain Tudor Edwards, *Matins, Lauds and Vespers for St David's Day*, Caergrawnt, 1990.

D. Simon Evans, *The Welsh Life of St David*, Caerdydd, 1988.

J. Wyn Evans a Jonathan M. Wooding (goln), *St David of Wales: Cult, Church and Nation*, Woodbridge, 2007.

Martin Fitzpatrick, Nicholas Thomas a Jennifer Newell (goln), *The Death of Captain Cook and other Writings*, sef gweithiau David Samwell, Caerdydd, 2007.

Silas Harris, *Saint David in the Liturgy*, Caerdydd, 1940.

W. H. Harris, *Emynau'r Eglwys*, Caerdydd, 1941 (geiriau); 1951 (geiriau a thonau).

Elissa Henken, *Traditions of the Welsh Saints*, Caergrawnt, 1987.

Elissa Henken, *The Welsh Saints: a Study in Patterned Lives*, Woodbridge, 1991.

J. E. de Hirsch-Davies, *Catholicism in Medieval Wales*, Llundain, 1916.

J. W. James, *Rhigyfarch's Life of St. David*, Caerdydd, 1967.

Francis Jones, *The Holy Wells of Wales*, Caerdydd, 1992.

J. B. Midgley, *Dewi Sant: Saint David: Patron of Wales*, Llanllieni, 2012.

Daniel J. Mullins, *Seintiau Cynnar Cymru*, Llanrwst, 2002.

John O'Hanlon, *The Life of St. David, Archbishop of Menevia, Chief Patron of Wales...*, Dulyn, 1869.

Morfydd E. Owen (gol.), *Gwaith Llywelyn Fardd I ac Eraill*, Caerdydd, 1994.

Geraint Phillips, *Dyn Heb ei Gyffelyb yn y Byd: Owain Myfyr a'i Gysylltiadau Llenyddol*, Caerdydd, 2010.

Sarah Prescott, *Eighteenth-century Writing from Wales: Bards and Britons*, Caerdydd, 2008.

Rice Rees, *An Essay on the Welsh Saints...*, Llundain, 1836.

Bernard Tanguy, 'The Cults of St Nonne and Saint Divi in Brittany', yn Evans a Wooding, *St David of Wales*, cyfieithwyd gan Karen Jankulak o 'Les Cultes de Sainte Nonne et de Saint Divi en Bretagne', yn Yves Le Berre *et al.*, *Buez Santez Nonn: Mystère Breton: Vie de Sainte Nonne*, Brest, 1999.

Thomas Taylor, *The Life of St. Samson of Dol*, Llundain, 1925.

Alan Thacker a Richard Sharpe (goln), *Local Saints and Local Churches in the Early Medieval West*, Rhydychen, 2002.

Charles Thomas a David Howlett, 'Vita Sancti Paterni:

the Life of Saint Padarn and the Original "Miniu'",
Trivium, Cyf. 33, 2003.

A. W. Wade-Evans, *Vitae Sanctorum Britanniae et Genealogiae*, Caerdydd, 1944.

A. W. Wade-Evans, *St. David, Archbishop, Patron of Wales* o *The Cymmrodor* XX, 1913; ailgyhoeddwyd yn Stow-on-the-Wold, 1914.

A. W. Wade-Evans, *The Life of St David*, Llundain, 1923.

Glanmor Williams, *Religion, Language and Nationality in Wales*, Caerdydd, 1979.

J. W. Willis-Bund, *The Black Book of St David's*, Llundain, 1902.

Edward Yardley, *Menevia Sacra* (gol. Francis Green), Llundain, 1927.

A BRIEF HISTORY OF WALES

Gerald Morgan

y Lolfa

£4.95

CASTLES IN WALES
A HANDBOOK

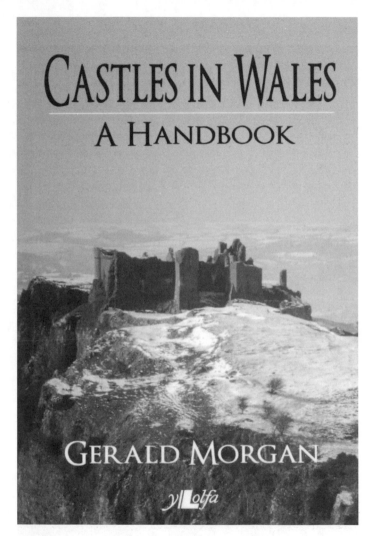

GERALD MORGAN

yLolfa

£6.95

Looking
for Wales

An introductory guide
Gerald Morgan

£4.95

"Naratif ddarllenadwy sy'n debycach i nofel antur nag i lyfr hanes"
Dafydd Elis-Thomas

OWAIN GLYN DŴR

TRWY RAS DUW, TYWYSOG CYMRU

R. R. DAVIES

yLolfa

£5.95

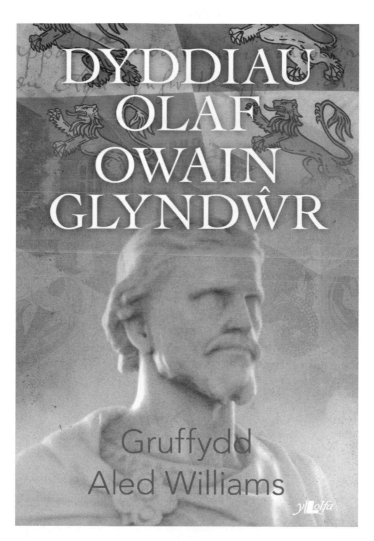

DYDDIAU
OLAF
OWAIN
GLYNDÔWR

Gruffydd
Aled Williams

y olfa

£9.99

Am restr gyflawn o lyfrau'r Lolfa, mynnwch
gopi am ddim o'n catalog
neu hwyliwch i mewn i'n gwefan

www.ylolfa.com

lle gallwch archebu llyfrau ar-lein.

TALYBONT CEREDIGION CYMRU SY24 5HE
ebost ylolfa@ylolfa.com
gwefan www.ylolfa.com
ffôn 01970 832 304
ffacs 832 782